올인

나의 주인 예수께

ALL IN

윤성철 지음

규장

하나님은 신실하시다!

미국에서의 27년의 삶을 정리하고 한국으로 나온 지 2년째 되던 어느 날 규장 출판사의 여진구 대표님으로부터 연락이 왔다. 말씀인 즉 3년 전부터 나에 대한 이야기를 듣게 되었는데 최근 기도하던 중 주님이 확증을 주셔서 연락을 드린다고 한번 만나자는 것이다.

30대 심장이 불타오를 때는 책을 쓰고자 하는 마음이 간절했는데, 다른 이유보다 주님이 주신 말씀을 함께 나누었으면 하는 단순한 동기 때문이었다. 시간이 흐르면서 한때의 열정이 사라지고 철도 좀 들었고 무엇보다 주님이 원하시면 주님의 때에 주님이 인도하실 것을 기대하게 되었다.

고심 끝에 아내에게 조심스럽게 이야기를 꺼냈는데 한 카리스마 하는 아내 왈 "하지 마세요! 정 써야겠으면 안 쓰면 죽겠다 싶을 때

죽기 전에 한 번 쓰세요." 그 말인즉 쓰지 말라는 것이다. 나는 속으로 '내가 언제 죽을 줄 알고 죽기 전에 써…'라고 구시렁거리며 자존심이 상해 이 문제를 내려놓게 되었다.

사실 요즘 내 코가 석 자다. 한국에 들어온 지 시간이 꽤 지났지만 아직까지 인도하심을 놓고 고민하고 있기 때문에 선뜻 책을 쓰겠다고 "네" 하기에는 기분이 내키지 않았다. 물론 여 대표님에게는 기도해보겠다고 말씀드린 다음 특별한 인도하심을 구했다. 약속한 일주일이 지나고 하는 수 없이 하루 늦게 문자로 연락을 드렸다.

"아직 주님이 특별한 말씀이 없으시네요. 죄송하지만 한두 주 더 시간을 주시면 기도하고 연락드리겠습니다."

그때 우리 가정은 구정을 맞아 미국에서부터 알던 가정을 잠시 방문하고자 제주도에 있었다. 바로 다음날 처가인 부산으로 가기 위해 제주공항으로 갔다. 짐을 부치고 공항 검색대를 지나고 있는데 누가 "목사님!" 하며 손을 흔드는 것이 아닌가. 바로 여진구 대표님이었다.

어떻게 여기 계시냐고 물으니 결혼 20주년인데 아무것도 못해준 아내에게 미안하여 함께 구정 휴가를 보내려고 어제 제주도에 내려왔는데 갑자기 어머니가 편찮으시다는 연락이 와서 모든 일정을 취소하고 첫 비행기로 다시 서울로 가려던 길이었다는 것이다.

그러고 보니 서로 제주도에 있으면서 어제 문자를 주고받은 셈이다. 문자를 받은 다음 여 대표님도 기도하는 팀에게 기도 요청을 했고, 우리 가정도 함께 기도하며 인도하심을 구했던 것이다. 여 대표님이 웃으면서 "목사님, 이게 하나님의 사인 아니고 뭡니까? 우리가 어떻게 그것도 제주공항에서 만날 수 있겠어요?"라고 했다. 그때 둘째아들 샘이 불쑥 "아, 이분이 여진구 대표님이세요?"라고 물었다. 전날 저녁 함께 기도할 때 나누었던 것을 마침 기억한 것이다.

그 뒤로 나는 자연스럽게 다른 채널들을 통해 주님의 인도하심을 확인받고 글을 쓰기로 결정했다. 물론 여 대표님 어머니도 곧 회복되어 퇴원하셨다. 또 어떤 글을 쓸지 의논하는 가운데 내 마음 가운데도 규장에서도 동일하게 그동안 내 믿음의 여정을 메시지와 함께 풀어내면 좋겠다고 마음이 모아졌다.

내가 이 책을 통해 바라는 것은 한 가지다. 지금도 믿음의 싸움을 싸우는 많은 형제자매들에게 "하나님은 신실하시다"라는 것을 나누고 싶었다. 그러니 주저하지 말고 신실하신 하나님께 인생을 올인all in 하라고 도전하고 싶은 것이다. 한 번뿐인 인생이다. 그 한 번뿐인 인생을 가장 가치 있고 소중한 것에 드리자는 것이다.

우리는 신실하신 하나님과 아직 믿음의 여정 중에 있다. 그러니 포기하거나 단정하지 말고 아직 열린 시간 속으로, 그분이 마음껏 역사하실 수 있는 삶을 향해 발걸음을 내디디라는 것이다. 아직도 가능성은 무한하다. 왜냐하면 우리 아버지 하나님께서는 제한이 없는 분이시며 천 년이 하루 같은 반전의 하나님이시기 때문이다. 그분에게 올인 하고 그분을 신뢰함으로 좇아갈 때 그분은 열방 가운데 열려 있는 무한한 그분의 일로 우리를 초청하시고 가장 완전한 길로 인도하실 것이다!

만부장 윤성철

Contents

ALL IN

PART 1

올인

간절한가?

흙수저 출신

나는 흙수저 출신이다. 세상적으로도 그렇고 영적으로도 그렇다. 아버지 어머니 어느 쪽으로도 그리스도인이라고는 눈을 씻고 찾아봐도 없을 정도로 영적으로 황량한 집에서 태어났다.

그런데 어머니는 예수님을 제외하고 모든 용하다는 분들을 두루 섭렵하실 정도로 정성과 열심이 특별했던 분이었다. 지금도 어렸을 때 어머니를 따라 절로, 점집으로, 무당집까지 다닌 기억이 있고 부적을 옷에 넣고 다닌 적도 있었다. 급기야 무당을 집으로 불러 당시 아버지의 병환으로 굿판까지 벌인 기억이 난다.

무당이 돼지머리에 절을 올리고 그 무거운 돼지머리를 들고 땀을 삘삘 흘리며 당시 3층이던 우리 집을 오르내리던 모습이 지금도 아주 생생하다. 그때 나는 어린 나이였지만 그런 모습을 보는 내내 이런 생각을 했다.

'아니, 저 돼지는 자기 하나 간수 못해 저렇게 비참하게 머리가 잘리고 푹 삶아져서 상 위에 놓여 있는데 왜 쟤한테 빌어야 하지?'

다른 한편으로 무당의 열심에 꽤 놀랐다. 사실 굿을 해주고 얼마를 받기로 했는지 액수가 이미 정해져 있을 테니 열심히 하든 대충하든 별 상관이 없을 텐데, 그 무당이 너무나 열정적으로 굿을 했기 때문이다. 내키지 않았지만 나도 그 무당의 눈치를 봐가며 시늉이라도 해야 한다는 부담을 느낄 정도였다.

간절한 이들에게 복을!

그런데 지금 이 시대의 그리스도인들 가운데 무당굿보다도 못한 예배를 드리는 분들이 얼마나 많은지 모른다. 예수님의 십자가 복음을 통해 진리와 생명을 얻었는데도 살아 계신 하나님 앞에 나와 얼마나 냉정하고 차분하고 교양 있는 모습으로 예배를 드리는지 종종 당혹스러울 때가 있다.

2천 년 전에도 사람들의 모습이 비슷했는지 예수님도 다음과 같이 말씀하셨다.

이 세대를 무엇으로 비유할까 비유하건대

아이들이 장터에 앉아 제 동무를 불러 이르되

우리가 너희를 향하여 피리를 불어도 너희가 춤추지 않고

우리가 슬피 울어도 너희가 가슴을 치지 아니하였다 함과 같도다

마태복음 11:16,17

쉽게 말해서 기쁜 소식을 전해도 반응하지 않고 슬픈 회개의 말씀 앞에서도 반응하지 않는, 도무지 반응이 없는 무덤덤한 세대를 빗대어 말씀하신 것이다. 물론 무조건 소리를 높이고 몸부림쳐야 바른 예배라거나 올바른 신앙의 태도라는 말은 결코 아니다. 항상 핵심을 비껴가 반문하는 은사를 가진 분들이 있는데, 여기서 핵심은 '태도'다.

진리와 생명을 가진 자가 살아 계신 하나님 앞에 나아와 드리는 예배의 태도, 진리의 말씀을 대하는 태도를 말한다. 성경은 이 태도를 가리켜 '간절함'이라고 표현한다. 그런데 다 알아서인지, 이미 배불러서인지 현대의 그리스도인들에게 이 간절함이 사라지고 있다. 그러나 예수님의 모든 가르침의 핵심인 팔복八福 말씀에서도 예수님은 간절한 이들에게는 복을, 이미 배부르고 만족한 이들에게는 화를 선포하신다.

예수께서 눈을 들어 제자들을 보시고 이르시되

너희 가난한 자는 복이 있나니 하나님의 나라가 너희 것임이요

지금 주린 자는 복이 있나니 너희가 배부름을 얻을 것임이요

지금 우는 자는 복이 있나니 너희가 웃을 것임이요

누가복음 6:20,21

본문에서 언급한 '가난한 자', '주린 자', '우는 자'에게는 공통적인 특징이 있다. 그들의 영적 수준이 어떻든 실제적인 세상의 기준으로 성공한 사람이든 아니든 상관없이, 지금 이들이 아직 만족할 수 없는 사람들이라는 것이다. 그래서 이들은 아직 갈급하고 목마르고 배고프다.

예수님은 이런 자들에게 복이 있다고 말씀하신다. 왜 그런가? 간단하다. 이런 사람들은 이 세상으로부터 만족함을 찾지 못해 결국 주님의 복음 앞에 나와 주님만이 공급해주시는 하늘의 것으로 충만함을 얻기 때문에 복이 있다. 이런 사람들은 쉽게 만족하지 않는다. 계속되는 목마름과 배고픔을 가지고 끊임없이 주님께 매달리기 때문에 주님의 복을 누린다. 영적으로 성숙해도 여전히 갈급하고 세상에서 아무리 성공해도 세상의 것으로 채워지지 않기 때문에 주님께 갈급함으로 매달릴 때 결국은 하나님나라를 소유하게 되고 주님의 풍성함으로 채워져 배부르고 웃을 수 있게 되는 것이다.

부족한 것이 없다?

예수님은 또 그 반대의 사람들에게 다음과 같이 말씀하신다.

그러나 화 있을진저 너희 부요한 자여

너희는 너희의 위로를 이미 받았도다

화 있을진저 너희 지금 배부른 자여 너희는 주리리로다

화 있을진저 너희 지금 웃는 자여 너희가 애통하며 울리로다

누가복음 6:24,25

여기서 시제를 잘 보기 바란다. '지금', 지금 이미 부요하고 배부르고 만족한 사람들에게 주님은 화가 있을 것이라고 말씀하신다. 왜 그런가? 마찬가지로 간단하다. 지금 이미 부요하고 배부르고 만족한 사람들이 주님을 간절히 찾겠는가? 이런 사람들이 주님께 사생결단하고 매달리겠는가?

이미 부요하고 배부르고 만족한 사람들은 아무리 복음이 선포되어도 들으려고 하지 않는다. 그래서 부자가 천국에 가는 것이 낙타가 바늘귀로 들어가는 것보다 더 어렵다는 것이다. 그런데 부자이면서도 여전히 이 세상과 세상의 것으로 만족하지 못하여 갈급해 하던 분들이 복음을 듣고 주님께 나아와 놀랍게 쓰임 받는 것을 보기도 한다. 그와 반대로 (용서해주시길) 쥐뿔도 없으면서 있는 것처럼 교만

한 사람은 그 있는 것마저 빼앗길 것이다. 파산되어 내쫓겨 슬피 울며 이를 갈아도 때는 늦었다.

사도 요한을 통해 마지막 교회들에게 주신 주님의 말씀 중에서 특별히 라오디게아교회를 향하여 주님은 다음과 같이 말씀하신다.

내가 네 행위를 아노니
네가 차지도 아니하고 뜨겁지도 아니하도다
네가 차든지 뜨겁든지 하기를 원하노라
네가 이같이 미지근하여 뜨겁지도 아니하고 차지도 아니하니
내 입에서 너를 토하여 버리리라

요한계시록 3:15,16

바로 이것도 저것도 아니어서 아무짝에도 쓸모가 없는 상태다. 그럼에도 불구하고 이들의 더 큰 문제는 그다음 절이다.

네가 말하기를 나는 부자라 부요하여 부족한 것이 없다 하나…

요한계시록 3:17

앞서 언급한 것과 같은 문제다. 이미 배부르고 만족하여 간절함이 사라진 상태라는 말이다. 그러나 이들의 실상은 어떠한가?

네 곤고한 것과 가련한 것과 가난한 것과

눈 먼 것과 벌거벗은 것을 알지 못하는도다

요한계시록 3:17

나는 아직 목마르다

　내가 지난 25년간 믿음의 삶을 살면서 한 가지 깨달은 매우 중요한 사실은 신앙생활에서 이 간절함, 이 목마름과 배고픔이 사라지면 끝이라는 것이다. 성숙함으로, 더 온전함으로 나아가는 자들 안에 공통적으로 나타나는 현상은 이들이 여전히 목말라하고 더 간절히 구한다는 것이다. 반대로 어설픈 자들일수록 이미 만족하고 있다. 형제자매 여러분은 지금 어떤가? 정말 간절한가?

　믿음의 사람들은 이 간절함을 가리켜 '첫사랑'이라고 부르고, 세상 사람들은 '초심'이라고 말한다. 나는 이 첫사랑과 초심이 우리의 믿음의 터를 오직 예수 그리스도께 깊이 내리는 뿌리가 된다고 생각한다. 이것이 굳건할 때 우리는 흔들리지 않고 그 터로부터 필요한 모든 것들을 충분히 공급받는다. 그러나 이 뿌리가 흔들리거나 썩으면 그 자체로 이미 나무는 생명을 다한 것이다.

　오래전 내가 살던 미국 동부 해안에 상륙한 허리케인 샌디Hurricane Sandy 때문에 전기가 끊기면서 그 화려하던 뉴욕 맨해튼이 2주간 죽은 도시처럼 캄캄했던 적이 있었다. 그때 나는 지인을 만나기 위해 그 지역을 지나가던 중이었다. 그런데 어마어마하게 큰 수많은 나무들이 쓰러져 있는 것을 보았다.

'아니 이 크고 튼튼한 나무가 어떻게 저렇게 힘없이 넘어졌을까?'

이유는 의외로 간단했다. 뿌리가 깊지 못해서다. 멀쩡하던 그 큰 나무들이 허리케인으로 인한 강풍을 이기지 못해 전부 넘어진 것이다. 그러면 큰 나무들이 왜 뿌리를 깊이 내리지 않았을까? 참으로 어이없는 이유지만 그럴 필요가 없었기 때문이다. 땅이 너무 비옥하다 보니 뿌리를 더 깊이 내리지 않아도, 지금 상태로도 충분히 자양분을 공급받을 수 있기 때문이다. 그러나 뿌리를 깊이 내리지 않은 채 겉만 화려하고 큰 나무가 허리케인이라는 위기가 닥치자 맥없이 쓰러져버린 것이다.

간절함과 목마름으로 어떻게 해서든지 주님의 터 위에 굳게 서기 위해, 더 풍성한 주님의 은혜로 채우고자 구하고 찾고 더 깊이 내려가는 사람들은 어떤 비바람과 역경에도 견고히 설 수 있다. 반대로 이미 배불러서 만족하기 때문에 더 이상 간절하지 않으며 더 깊이 내려가지 않고 현상만 유지하고자 하는 개인이나 공동체는 큰 위기 앞에 무너지게 된다.

나는 지금도 목마르다. 아직도 배고프다. 그분을 더 알고 싶고 그분에게 더 깊이 나아가기 원한다. 오늘도 말씀을 펴고 매일 간절히 구한다.

"주님, 말씀해주십시오. 기록된 말씀을 통해서 이 시대를 살아가고 있는 저에게 오늘 이 시간, 주님이 하고자 하시는 말씀을 해주십시오. 주님의 말씀 한마디가 저에게는 생명입니다."

영적 원리에는 현상 유지란 없다. 계속해서 깊이 들어가고 성장하든지 아니면 뒤로 물러나 떨어지게 되지, 이것도 저것도 아닌 상태에 그냥 머물러 있지는 않는다. 왜냐하면 영의 일은 영이신 하나님과의 살아 있고 영적이며 인격적인 교통을 통해 이루어지므로 멈춰 서지 않기 때문이다.

하나님의 아들을 더 믿고자 하고 더 알고자 하는 자들은 그리스도의 장성한 분량에 이르도록 계속 성장하지만 이미 만족하는 자들은 그 알던 것마저 잃어버린다.

02

비전 인생

청춘의 방황

나는 어렸을 때부터 공부와는 담을 쌓고 살았다. 그러다가 이소룡 영화 한 편에 매료되어 그의 사진으로 방 한 칸을 전부 도배할 만큼 청소년 시절 그에게 푹 빠져 지냈다. 내 꿈은 이소룡과 같이 되는 것이었고 그래서 어떤 특정 종목에 매진하기보다 여러 가지 운동을 하며 언젠가 그처럼 멋진 몸을 가진 영화배우가 되어야겠다는 막연한 꿈을 가지고 살았다.

　그러나 현실은 전혀 그렇지 못했다. 공부를 죽어라 하지 않아 공고에 겨우 들어갔는데, 그 뒤로도 3년 세월을 운동으로 보내며 결국 아무 소득 없이 졸업을 하게 되었다. 졸업 후 마땅히 갈 바를 알지 못해 방황하는 나를 보신 아버지가 얼마나 답답하셨으면, 아버지 친구 중 치아 기공 일을 하시는 분이 있는데 그거라도 배우면 먹고산다더라 말씀하실 정도였다.

그때도 나는 정말 아무 생각 없이 "네"라고 대답만 하고 빈둥거리며 지냈다. 그런데 어느 날 우연히 TV에서 대학 캠퍼스와 학생들의 모습을 보고 시쳇말로 나는 눈이 확 돌아가고 말았다. 그리고 막연히 '나도 저곳에 가고 싶다. 나도 저렇게 잔디밭에 누워 책을 보고 싶다'는 충동에 사로잡혔다. 그때가 2월이었다. 나는 즉시 새롭게 책을 장만했다. 그리고 독서실에 들어앉아 10개월의 사투 끝에 이듬해 체대에 들어가게 되었다. 사실 학과는 좀 뭣해도 나름대로 괜찮은 학교라서 부모님도 좋아하셨고 나도 성취감을 느끼며 대학생활을 시작하게 되었다. 그런데 내가 그토록 바라던 캠퍼스 잔디 위에 누워 책을 볼 일은 거의 없었다. 맨날 큰 가방에 각종 운동복을 챙겨 다니며 땀을 뻘뻘 흘리며 운동만 했다. 그러면서 현실과 먼 이상을 실감하며 하루하루 살아갔다.

지금 생각하니 이 말씀이 정확히 나를 두고 하신 말씀이었다.

묵시가 없으면 백성이 방자히 행하거니와…

잠언 29:18

여기서 묵시란 '하존'이라는 히브리어로 "이상", "계시", "환상"이라는 의미로 기록되었다. 간단히 풀이하자면, 하나님이 보여주실 때는 주로 '계시', '환상'이라 할 수 있고, 사람들이 이것을 받는 입장에서는 '이상'이라고 기록되었다. 이 이상을 우리는 흔히 비전vision이라고 하기도 한다. 즉, 하나님으로부터 오는 계시적 비전이 없으면 사람들은 방황하게 되어 있다는 것이다.

야망인가? 비전인가?

물론 이런 비전이 아니라 야망에 잡혀 사는 사람들도 있다. 야망과 비전에는 한 가지 큰 차이가 있다. 야망은 스스로 꿈꾸는 것이다. 비전은 하나님으로부터 온 꿈이다. 많은 청년들이 하나님나라를 꿈꾸며 하나님을 위하여 뭔가 하고자 하는 열정과 소원을 품고 열심을 내지만 한 가지 조심해야 할 것이 있다. 우리가 하나님을 위해 무언가를 하는 것이 아니라는 것이다. 그렇다면 그것은 자칫 야망이 될 공산이 매우 크다.

대신 하나님이 나를 통해 하시도록 해야 한다. 그런 사람들은 자신을 준비하며 깨어서 하나님으로부터 오는 메시지에 집중한다. 영적인 주파수를 그분에게 맞춘다. 그분이 무엇을 원하시는지, 그분의 의중이 무엇인지, 끊임없이 그분의 마음을 구한다. 그러나 야망에 사로잡힌 사람들은 그들 자신의 주파수(관심)를 세상에 맞추고 있으면서도 그것을 가리켜 시세時勢를 분별하는 것이라고 말한다.

잇사갈 자손 중에서 시세를 알고

이스라엘이 마땅히 행할 것을 아는 우두머리가 이백 명이니

그들은 그 모든 형제를 통솔하는 자이며

역대상 12:32

그러면서 "한 손에는 성경을, 다른 한 손에는 신문을"이라고 하는데 맞는 말 같으면서도 뭔가 마음이 시원하지 않다. 물론 하나님으로부터 오는 뜻을 알기 위해 세상에 무관심해야 한다는 뜻은 전혀 아니다. 그러나 시세를 아는 것은 세상을 통해서 아는 것이 아니다. 이 세상을 주관하시는 하나님으로부터 오는 계시적 메시지(비전)를 통해서 아는 것이다. 왜냐하면 이 시대를 운행하시는 분은 궁극적으로 알파와 오메가요 처음과 마지막이 되시는 하나님이시기 때문이다.

바울은 로마서에서 다음과 같이 선포한다.

이는 만물이 주에게서 나오고 주로 말미암고

주에게로 돌아감이라

그에게 영광이 세세에 있을지어다 아멘

로마서 11:36

즉, 하나님이 모든 것의 시작이 되시고 모든 것을 주관하시고 결국 모든 것이 그분에게로 돌아간다는 뜻이다. 그래서 하나님은 알

파와 오메가이시다. 모든 것을 시작하신 분께서 그 시작하신 뜻을 좇아 운행하시고 주관하셔서 결국은 모든 것을 그분의 완전하신 뜻대로 완전하게 마치신다.

따라서 우리는 우리가 살고 있는 이 시대에, 우리가 마땅히 할 바가 무엇인지에 대한 큰 방향direction을 하나님으로부터 받아야 한다. 이것이 비전이다. 그 비전으로 인도하시는 세미한 음성을 날마다 매 순간 들어야 한다. 개인적으로 주님 앞에 나아가는 말씀 묵상과 기도를 통해서, 공동체로 함께 나아가는 예배 가운데서 받아야 한다. 그럴 때 우리가 살아가는 삶의 현장에서 인도하심에 대한 확증 또한 경험하게 된다.

초점 고정

우리는 영적인 초점을 먼저 하나님께 고정시켜야 한다.

주 여호와께서는 자기의 비밀을
그 종 선지자들에게 보이지 아니하시고는
결코 행하심이 없으시리라

아모스서 3:7

왕이여 왕이 침상에서 장래 일을 생각하실 때에

은밀한 것을 나타내시는 이가

장래 일을 왕에게 알게 하셨사오며

다니엘서 2:29

그러나 진리의 성령이 오시면

그가 너희를 모든 진리 가운데로 인도하시리니

그가 스스로 말하지 않고 오직 들은 것을 말하며

장래 일을 너희에게 알리시리라

요한복음 16:13

요엘서는 이 장래 일을 "예언하다"(prophesy)라고 번역해놓았다.

그 후에 내가 내 영을 만민에게 부어주리니

너희 자녀들이 장래 일을 말할 것이며

너희 늙은이는 꿈을 꾸며

너희 젊은이는 이상을 볼 것이며

요엘서 2:28

하나님은 이 시대를 향한 그분의 세계 경영을 자신의 종들에게 말씀하시고 그들의 믿음의 준비와 순종을 통하여 그것을 이루신다. 이

때 질문은 "하나님은 누구에게 자신이 행하실 일들을 나타내시느냐?" 하는 것이다. 성경 여러 곳에 그 대답이 간단하고도 명료하게 기록되어 있다. 바로 하나님에게 전심全心이 고정되어 있는 자들이다. 자신의 모든 시선과 온 마음을 그분에게 집중하여 그분의 말씀에 언제든지 응답할 준비가 된 개인과 공동체에게, 주님은 지금도 주님이 행하실 일들을 나타내시고 그 비전으로 초청하신다.

그러므로 하나님의 계시적 비전을 통해 이 시대 가운데 행해지는 하나님의 놀라운 계획에 동참하기 원한다면 우리는 끊임없이 내 것을 내려놓는 싸움을 해야 하며 아울러 하나님께 나의 영적 주파수(초점)를 맞추도록 몸부림쳐야 한다. 이 도킹docking이 이루어질 때 우리는 하나님의 뜻도 알 수 있고 그 뜻을 행할 수 있는 지혜와 능력도 공급받게 된다. 지금도 여호와의 눈은 온 땅을 두루 감찰하사 전심으로 하나님께 향하는 자들에게 하나님의 계획에 도킹하도록 초청하신다.

03

진정한 성공

미국 이민생활

어느 날 아버지께서 대뜸 미국에 가자고 말씀하셨다. 알고 보니 미국에 계신 숙부께서 오래전에 신청해놓은 형제 초청 비자가 이제야 나온 것이었다. 현실이 답답하기만 했던 나는 또 별 생각 없이 막연한 백만장자의 꿈, 성공을 갈망하며 미국으로 가게 되었다.

나는 사실 그때까지 한 번도 비행기를 타보지 못했다. 그래서 비행기도 멋지게 타고 싶고, 한국과 사뭇 다를 미국에 대한 엄청난 기대와 동경을 가지고 있었다. 물론 현실은 늘 기대했던 것과 달랐지만. 미국행 비행기에 오르는 날, 멋지게 차려 입고 공항으로 가고자 한 나의 패션과는 무관하게 어마어마하게 무거운 이민 가방 두 개를 드느라 폼 잡을 틈도 없이 땀을 뻘뻘 흘려야만 했다.

이제는 나의 생각과 다른 하나님의 크고 놀라운 예비하심이 그 땅 가운데 있었음을 볼 수 있지만, 첫 미국생활은 기대와 전혀 다른 수많은 도전의 연속이었다. 특별히 한국에서 대학 입시를 위해 10개월간 공부할 때도 겸손한 마음으로 내려놓은 영어 때문에 할 줄 아는 말이라고는 간단한 자기소개와 인사말뿐이던 내게 미국에서의 삶은 그 자체가 긴장과 실수의 연속이었다.

1년간의 언어 과정을 마치고 대학에서 정규 수업을 듣게 되어 두꺼운 '경영학개론' 책을 들고 처음 강의실에 들어갔던 때가 지금도 생생히 기억난다. 둘러보니 거의 다 백인이었고 몇몇의 흑인과 두세 명의 아시아인들이 있었기에 나름 뿌듯함을 느끼며 자리에 앉았다. 그러나 수업을 마치는 순간까지 단 한 마디도 제대로 알아들을 수 없자 나는 너무 놀랐다. 일단 살아남아야 한다는 본능이 이끄는 대로 나는 창피함을 무릅쓰고 수업이 끝나자마자 책을 들고 교수에게 다가가 물었다.

"오늘 수업한 곳이 어디입니까?"

교수는 웃으며 책에 표시해주었다. 나는 다시 물었다.

"다음 시간에 우리가 공부할 곳은 어디입니까?"

그때부터 경영학 공부가 아닌 새로운 영어 공부가 다시 시작되었다. 감사하게도 그 수업에서 A학점을 받았다. 하지만 사람이 얼마나 교만한 존재인가? 나는 금세 얼마나 자신감으로 충만해졌는지 모른다.

성경적 성공

우여곡절 끝에 2년간의 학업을 무사히 마치고 메릴랜드 대학교 국제경영학과에 편입하게 되자 그동안 막연했던 백만장자를 향한 야망이 내 안에서 다시 조금씩 솟아올랐다.

그 당시 나는 나 자신 외에 어느 누구에게도 관심이 없었다. 독하게 오직 성공을 향해 미친 듯이 달리던 20대 청년이었다. 그러나 실상 마음 한쪽에 늘 두려움이 자리 잡고 있었다. '과연 성공할 수 있을까? 돈을 많이 벌고 성공하면 행복해질까? 인생이라는 게 이게 다인가? 뭔가 더 있지 않나?' 그러다가도 치열한 현실에서 살아남기 위해 몸부림쳐야 할 때면 이런 질문들을 뒤로 한 채 다시 무작정 달렸다. 지금도 이 세상에 얼마나 많은 사람들이 막연한 꿈을 향해 자신의 삶을 던지고 있는지 모른다. 구체적으로 왜 사는지, 무엇을 위해 사는지, 삶의 본질적인 목적과 이유가 무엇인지에 대한 근본적인 질문은 접어둔 채 성공이라는 산을 무작정 힘겹게 오르고 있다.

그런데 하나님나라의 일도 이렇게 될 공산이 크다. 사역의 성공을 세상적인 기준에 둘 때 우리는 쉽게 지치고 주변의 동료들을 경쟁 대상으로 삼게 된다. 성경적 성공은 예수님을 만나 그분을 알고, 그분 안에서 나를 발견하여 그분의 나를 향한 데스티니Destiny, 즉 창조와 구원의 목적을 발견하고 이루는 것이다. 하나님은 우리에게 크고 놀라운 일을 요청하신 것이 아니라 하나님의 데스티니로 인도하시는 그분의 부르심에 우리가 반응하고 순종하기를 원하신다. 물론 그 과정들을 통해 누군가는 크고 놀라운 일에 쓰임 받기도 한다. 그러나 그것은 우리가 아니라 우리의 순종을 통해 크고 놀라우신 하나님께서 크고 놀라우신 그분 자신의 일을 행하시는 것이다.

이 여정을 함께하는 동료들은 그 부르심을 좇아 함께 나아가는 동역자이며 믿음의 식구들이다. 우리는 각자 자신의 부르심을 좇아 가기 때문에 경쟁할 이유가 전혀 없다. 결국 천국에서 함께할 식구들인데 그들이 잘 되면 얼마나 좋은가? 집안 식구들끼리 왜 경쟁하는가? 그런 집을 콩가루 집안이라고 부른다. 하나님나라의 일을 한다고 하면서 하나님나라를 콩가루 집안으로 만들어버리는 속 좁은 사역자들이 얼마나 많은지 모른다.

상 주실 것을 바라본다고? 그런 마음으로 경쟁하듯이 자기 사역만 키우는 데 혈안이 되어 있는 자들에게 우리가 믿는 하나님께서 정말 잘했다고 칭찬하실까? 그렇게 생각했다면 하나님을 몰라도 너무 모르는 것이다.

진리를 찾아서

어느 날 정말 우연한 기회에 평소 잘 알고 지내던 형이 금요일에 교회에 같이 가지 않겠느냐고 물었다. 나는 당연히 안 간다고 했다.

그런데 형의 마지막 말에 마음이 끌렸다.

"가면 커피와 다과도 있고 자매들도 있어."

할렐루야! 커피와 다과라고? 일단 고리타분하게 앉아 설교만 듣는 것이 아니라 뭔가 자유로운 분위기일 거라는 생각이 들었고, 자매들도 있다는 말에 외로운 늑대 본성이 발동하자 뿌리칠 이유가 없었다. 물론 처음 교회를 방문하자마자 "예쁜 여자는 교회에 안 나온다"는 놀라운 진리를 깨달았지만 말이다.

실망감을 감추고 처음으로 성경공부라는 데 참석하게 되었는데 내 예상과 달리 가르치시는 분이 매우 논리적이고 설득력 있게 전하는 데 매료되었다. 그 분이 나의 영적 은사이신 워싱턴 지구촌교회 김만풍 목사님이셨다. 몇 번을 오가며 성경공부를 하는 가운데 내 마음 안에 '진리'에 대한 막연하지만 강한 호기심이 발동했고 목사님의 도전으로 성경을 읽어보리라 마음먹게 되었다.

그랬다. 목사님은 자꾸 성경을 읽어보라고 권하셨다. 성경을 한 번도 읽지 않고 성경이 "가짜다, 거짓이다"라고 하는 것은 전혀 논리적이지도 상식적이지도 않다고 하셨다. 그래서 나도 비즈니스적인 사고로 1년이라는 시간을 투자하여 성경을 읽어보기로 한 것이다. 성경을 읽고 저들이 말하는 진리를 발견하면 좋고, 만약 그렇지 않다면 그때 그만둬도 된다는 생각으로 나는 매주 성경공부에 동참하게 되었다. 때로는 모임을 마치고 돌아오는 길에 술잔을 기울이며 오늘 말씀이 썩 좋았다고 평하는 식의 너무나 기막힌 교회생활을 이어갔다.

내가 처음 성경을 대할 때 기억이 지금도 생생하다. 두꺼운 성경 책장을 넘겨 첫 줄인 창세기 1장 1절을 보는데 "태초에 하나님이 천지를 창조하시니라"라고 되어 있는 것이다. 나는 속으로 기가 막혔다.

'자기가 뭔데 뭘 막 창조하고 그래?'

2절과 3절을 읽고 나서는 '중국 무협지냐? 말하면 그냥 되냐? 그리고 설명이라도 자세히 하던가…' 나는 첫 날 속으로 얼마나 구시렁거리며 성경을 읽었는지 모른다. 그 주 모임에 나가 나는 불편한 이 마음을 나누었다. 그러자 목사님이 웃으시며 복음서를 먼저 읽어보라고 하셨다. 나는 큰 목소리로 "그게 뭔데요?"라고 물었고 방 안에 있던 친구 선배들의 박장대소가 터졌다.

우여곡절을 거듭하던 어느 날이었다. 그날도 성경을 펴고 순서에 따라 요한복음을 읽는데 이 예수님을 내 삶에 모시고 싶다는 강렬한 마음이 들었다. 지금도 그때 내가 왜 그랬는지 이해할 수 없다. 다만 무언가 강력한 힘에 의해 말씀 앞에 무릎을 꿇었고, 그동안 들은 풍월로 스스로 예수님을 마음 가운데 모셔 들이는 기도를 했다. 흔히 말하는 '영접기도'였다.

나는 지금도 주님을 쉽게 받아들이기 어려워하는 분들이 있다면 무조건 설득하려고 하기보다 내가 그랬듯이 먼저 말씀을 읽어보라고 권한다. 물론 구약성경은 성경을 처음 대하는 분들에게 많은 어려움이 따른다. 그렇기 때문에 신약성경을, 그중에서도 요한복음을 반복해서 먼저 읽어보기를 권한다. 하나님의 말씀에 권위가 있음을 믿기 때문이다.

성경에는 내가 누구이며 무엇을 위해 살아야 하며 그리고 결국 나는 어디로 돌아가는 존재인지에 대한 대답이 명쾌하게 기록되어 있다. 이 모든 기록이 진실인지 아닌지는 둘째 치더라도 한 가지 분명한 것은 어떤 철학도 이념도 사상과 종교에서도 이 본질적인 질문에 대한 명확한 대답을 찾을 수 없다는 것이다.

올인

그 후 낯설었던 교회생활이 어느덧 익숙해지며 주일예배, 수요예배, 금요 성경공부까지 나가게 되고, 나름대로 그리스도인 흉내를 내며 열심을 낼 때였다. 오래 전부터 알고 지낸 한 자매가 내게 다가오더니 대뜸 이렇게 묻는 것이었다. 교회 용어(?)와 전혀 상관없이 단도직입적으로 한다는 말이 이랬다.

"성철 씨! 뭐 믿고 그러는 거 아니죠? 정말 그런 거예요?"

이 말의 요지는 분명했다. "내가 당신이라는 사람을 잘 아는데, 당신은 이런 거 믿고 그럴 사람이 아니다. 그런데 요즘 하는 모양이 좀 이상하다" 바로 이런 의미다.

그랬다. 그동안 나는 한 번도 이 점에 대해 진지하게 생각해보지 않았다. 이제는 그냥 교회가 좋아서, 예수라는 분이 정말 좋은 분이고, 할 수만 있으면 멀리하기보다 가까이하는 편이 낫다고 생각해서 열심을 내고 있을 뿐이라는 사실을 인정하게 되었다. 그러나 나에게 예수가 정말 '진리'이고 '생명'이라면 그것은 결코 올바른 태도가 아니었다. 맞다. 나는 그저 흉내 내고 있는 사람일 뿐이었다.

그날 밤 나는 예수님에 대해 심각하게 생각하고 또 스스로 반문해보았다.

"나에게 예수님이 정말 진리가 맞나? 나에게 예수님이 정말 영원한 생명이시고 삶의 이유가 되시는 분이 맞나? 맞는다면 제대로 하자. 아니면 집어치워버리고…. 뭐하는 거야? 이것도 아니고 저것도 아니고…."

지금 돌아보면 하나님의 은혜가 분명하다. 감사하게도 주님은 이미 내가 부인할 수 없는 분으로, 내 안에, 그리고 내 삶에 깊이 들어와 계셨고, 그날 밤 나는 그분에게 내 삶을 올인all in 하기로 결정했다.

선택하라

가나안 땅에 들어가 정착한 이스라엘의 2세대들을 향하여 여호수아가 마지막으로 던진 말씀이 있다.

만일 여호와를 섬기는 것이 너희에게 좋지 않게 보이거든

너희 조상들이 강 저쪽에서 섬기던 신들이든지

또는 너희가 거주하는 땅에 있는 아모리 족속의 신들이든지

너희가 섬길 자를 오늘 택하라

오직 나와 내 집은 여호와를 섬기겠노라 하니

여호수아서 24:15

우리는 이 세상과 세상으로 말미암은 것들을 통해 우리를 다스리고자 하는 사탄 아래서 그가 길들이는 대로 살든지, 아니면 예수 그리스도의 복음을 통해 하나님이 통치하시는 삶으로 '올인' 하든지 둘 중에 하나를 택해야 한다. 중간은 없다. 성경은 그 두 사이 중간에 무언가 있다고 말한 적이 단 한 번도 없다. 올인 하든지 아니면 아예 그만두어야 한다.

아직도 많은 사람들이 여전히 이 둘 사이를 오가며 결단하지 못한다. 안타까운 사실은 주님께 올인 하지 못하는 사람들의 경우 대부분 그 이유가 치러야 할 대가가 너무 크다고 생각한다는 것이다. 그러나 주님께 올인 하지 않은 인생이 치러야 할 대가가 얼마나 큰지 더 깊이 생각하지 못하는 것 같다.

맞다. 주님께 올인 하기 위한 대가는 크다. 그러나 올인 하지 않고 그 후에 치러야 할 대가는 더 크다. 그 대가란, 나를 향한 창조주의 데스티니를 놓쳐버리는 것이고, 그 데스티니를 통해 나의 가정, 나라, 민족, 열방에까지 이어지는 그분의 세계 경영을 위한 놀라운

시대적 비전마저 놓쳐버리는 것이다. 무엇을 위해서? 좀 더 편한 삶, 좀 더 큰 집과 차, 좀 더 고상하고 교양 있고 규모 있는 삶의 모습을 유지하기 위해.

참 답답하다. 그런 것은 천국에 가면 훨씬 더 많다. 더 폼 나고, 더 멋지고, 더 풍성하고, 완전한 데다가 영원하다. 영원을 위해 잠시 이 땅에서 주님께 올인 하는 불편함을 감수하는 것, 그 대가를 지불한 사람들이 이 땅에서, 그리고 천국에서 누리게 되는 모든 풍성함과 완전함은 이 땅 그 어떤 것과도 결코 비교할 수 없다.

하늘의 지혜

현대 그리스도인들은 너무 지혜롭고 똑똑하다. 그래서 웬만해서는 손해 보기 싫어한다. 신앙생활도 자기 나름대로 기준을 가지고 누구 말처럼 규모 있게 적당한 선에서 하고자 한다. 그러나 사실 이런 태도는 어리석다. 예수가 진리라면, 예수가 생명이라면, 천국이 정말 있다면 그렇게 할 수 있는가? 조심스럽지만 그것은 실상 종교 행위 내지 종교 흉내를 내는 것이지 성경에서 말하는 그리스도인의 믿음생활은 아니다.

안타깝지만 스스로 지혜롭다고 하는 그 지혜가, 우리가 주님의 은혜 안으로 올인 하는 것을 막고 있다. 그렇게 지혜로운데 어떻게 그 지혜로 천국은 보지 못하는가? 그렇게 똑똑하고 계산이 빠른데 왜 천국은 헤아리지 못하는가? 그 대답 역시 간단하다. 믿지 않는 것이다. 실상은 전혀 믿지 못하는 것이다.

> 그 때에 예수께서 성령으로 기뻐하시며 이르시되
>
> 천지의 주재이신 아버지여
>
> 이것을 지혜롭고 슬기 있는 자들에게는 숨기시고
>
> 어린 아이들에게는 나타내심을 감사하나이다
>
> 옳소이다 이렇게 된 것이 아버지의 뜻이니이다
>
> 누가복음 10:21

신앙생활을 지혜롭게 잘하려고 하지 말라. 지혜를 총동원하여 예수께 집중하고 예수를 알아가는 데 힘쓸 때 비로소 하늘의 지혜가 열린다. 그때 제대로 계산이 된다. 영적인 원리를 좇아 영원하고 온전한 계산을 할 수 있게 된다. 나는 국제경영학을 공부했다. 나도 나름대로 논리와 계산이 빠른 편이다. 그런 내가 주님의 길에 올인하게 되었다면 그 이유도 명확하다. 영적인 원리가 깨달아지자 아무리 주판을 퉁겨봐도 세상의 것으로는 답이 나오지 않기 때문이다.

내가 일본 선교를 떠날 당시 미국 증권가에 등록된 상장회사를 경영하던 분이 우리 집 옆에 사셨는데 일본 선교를 다녀오고 나서 보니 그동안 이분이 어마어마한 부자가 되어 있었다. 그러나 어떤가?

성공하기 전에는 성공하기 위해 부단히 애를 썼고 드디어 성공했다. 하지만 성공하고 나니까 이제 성공한 것을 유지해야 하기 때문에 불안해한다. 얻은 많은 재물을 가지고 그것을 잃을까 노심초사하다가 하나님이 "와라" 하시면 다 내려놓고 가야 하는 것이다. 그렇다면 과연 무엇이 진정한 지혜인가?

또 내가 내 영혼에게 이르되

영혼아 여러 해 쓸 물건을 많이 쌓아두었으니

평안히 쉬고 먹고 마시고 즐거워하자 하리라 하되

하나님은 이르시되 어리석은 자여

오늘 밤에 네 영혼을 도로 찾으리니

그러면 네 준비한 것이 누구의 것이 되겠느냐 하셨으니

자기를 위하여 재물을 쌓아두고

하나님께 대하여 부요하지 못한 자가 이와 같으니라

누가복음 12:19-21

04

대가 지불

결정적 순간

주님의 은혜로 주님께 올인 하는 삶을 결단하게 되자 그 후 나는 종교 흉내를 내는 자가 아니라, 주님을 더 알고 싶고 주님을 더 경험해보고 싶어서 몸부림치는 믿음생활을 시작하게 되었다. 내 안에 이상하리만큼 주님에 대한 갈망이 가득 찼다. 새벽예배, 수요예배, 금요예배와 주일예배 그리고 각종 성경공부에 들어가 게걸스럽게 말씀을 배우며 그분을 알아가는 시간들을 가졌다.

　그러던 중 당시 내가 몸담고 있던 청년부에 소련에서 오신 선교사님이 말씀을 전해주시는 기회가 있었다. 이분이 청년들에게 다음과 같이 도전하셨다. 단순히 물질의 십일조만 드릴 것이 아니라 시간도 구별하여 십의 일조를 선교에 드리라고 말이다. 그것도 다 살고 남은 *끄트머리*가 아닌 자기 인생에서 가장 소중한 시간을 드리라는 말씀이었다.

그 말씀을 들을 때만 해도 나는 '에이, 나 같은 사람이 선교는 무슨…' 하고 지나쳐버렸다. 그러나 대학 졸업을 앞두고 내 삶과 진로에 대해 진지하게 고민할 때 그 말씀이 떠올랐고 그것이 큰 부담으로 다가왔다. 이대로 사회에 나간다면 직장에 들어가 먹고살기 위해 아등바등하게 되고, 그렇게 살다보면 어느덧 그런저런 인생으로 끝날 것 같은 마음의 초조함이 몰려왔다. '내 인생을 향해 그분이 가지고 계신 계획이 무언가 있을 텐데…. 내가 살아야 하는 목적이 분명히 있을 텐데…' 하는 마음이 나를 사로잡은 것이다. 부르심에 대하여 진지하게 생각할 시간을 가지면서 나는 주님께 내 삶의 시간을 구별하여 드리고 싶다는 소원을 품고 기도하기 시작했다.

그러던 어느 날 새벽기도 중 특별히 앞자리에 나와 기도하는 사람들을 위해 목사님이 안수해주시는 시간이 있었다. 무엇을 위해 기도해줄지 묻는 목사님의 질문에, 나는 1,2년 정도 선교에 헌신하며 나의 다음 스텝step에 대해 진지하게 생각하는 시간을 갖기 원한다고 대답했다. 그런데 그 후 정말 목사님께서 아무 배경도 없고 준비도 되어 있지 않은 내가 선교를 다녀올 수 있도록 격려하고 교회적으로 후원해주셨다.

그것이 내 인생의 결정적 순간이 되었다.

반전의 하나님

그러나 막상 선교를 떠나려고 하자 내게 큰 부담이 되는 문제가 있었다. 바로 어머니였다. 유방암 수술 이후 이듬해 남편마저 떠나보내고 이제는 두 아들과 함께 사는 어머니에게 내 인생의 진로를 위해 1,2년 선교에 헌신하겠다는 말이 쉽게 나오지 않았다.

어느 날 나는 어머니의 손을 잡고 솔직히 말씀드렸다.

"엄마! 나 이대로 졸업하고 직장 잡고 살면 그럭저럭 살기는 하겠지만 정말 그러고 싶지 않아요. 나를 위해 계획하신 하나님의 뜻을 발견하고 싶고, 부족하지만 나의 삶을 그분께 드리고 싶어요."

나도 울고 어머니도 우셨다. 눈물을 흘리시던 어머니는 "너의 인생이다. 네가 결정해야지…. 그렇게 해라"라고 말씀하셨다. 어머니를 부탁하고 떠나야 한다는 미안함에 동생에게도 "2년만 형 대신 고생해줘. 그다음은 형이 돌아와서 책임질게"라고 당부한 뒤 나는 무작정 일본으로 떠났다.

내가 일본을 선교지를 결정하게 된 이유는 단순했다. 일본어를 할 줄 알아서다. 때마침 한국 지구촌교회 단기 선교팀이 일본으로 여름 선교를 떠난다는 소식을 듣고 합류하여 한 달간 일본에서 지내며 1,2년 정도 일본에서 보낼 수 있겠다는 확신을 갖게 되었다.

사실 나는 일본과 일본 사람들을 매우 싫어하던 사람이었다. 미국에 살면서도 일본 자동차나 일본 제품을 일부러 사지 않았다. 국제경영학을 공부하면서 일본어까지 배운 것도 사실은 일본을 이기려면 일본을 알아야 한다는 계산 때문이었다. 나는 일본이 밉고 일본을 이기고 싶어서 일본어를 배웠는데, 주님은 내가 일본을 사랑하고 섬기기 위해 그것을 사용하도록 하셨다.

우리 주님의 전공 중 하나가 바로 이런 반전이다. 그분에게는 우리가 생각할 수 없는 놀라운 반전이 무한대로 있다. 많은 믿음의 형제자매들이 주님을 인격적으로 깊이 만나고, 자신의 삶을 향한 그분의 부르심을 발견하고, 그 인도하심을 따라가고 싶은 결정적인 순간에 늘 어려움을 만나는 것을 본다. 바로 자기 생각과 경험으로는 도저히 답이 나오지 않는 상황과 문제에 부딪히게 되고 그것 때문에 갈등하게 되는 것이다.

대가 지불

내가 감히 담대히 나누고 싶은 것은 우리 주님이 반전의 하나님이시라는 사실이다. 안타깝게도 많은 형제자매들이 이 결정적 순간에 인간적인 염려와 걱정으로 주저앉는다. 물론 쉽지 않다. 그리고 무작정 가정도 버리고 자신이 책임져야 할 일들까지 내팽개쳐야 선교가 된다는 것도 아니다. 그러나 주님을 따르는 일에는 믿음의 결단과 함께 반드시 대가 지불이 동반되어야 한다.

아버지나 어머니를 나보다 더 사랑하는 자는

내게 합당하지 아니하고

아들이나 딸을 나보다 더 사랑하는 자도

내게 합당하지 아니하며

또 자기 십자가를 지고 나를 따르지 않는 자도

내게 합당하지 아니하니라

마태복음 10:37,38

주님이 가정불화를 일으키는 분이라는 말이 아니다. 믿음의 삶의 우선순위에 대해 말씀하는 것이다.

너희는 먼저 그의 나라와 그의 의를 구하라

그리하면 이 모든 것을 너희에게 더하시리라

마태복음 6:33

이 말씀이 나의 삶의 실제가 되는 것을 믿음의 결단을 통해 경험하도록 하시는 것이다. 사실은 내가 아니라 주님이 우리 가정을, 주님이 나의 어머니와 아버지를 책임지도록 해드리는 것이 더 안전하다.

기도 가운데 주님의 인도하심을 좇아 주님께 헌신하기로 결정했는가? 그렇다면 예상치 못한 갑작스러운 일들, 마음의 모든 짐을 믿음으로 주님 앞에 내드려라. 물론 쉽지 않다. 그러나 주님은 우리의 믿음을 통해서 역사하신다. 그분에게는 반전의 드라마가 이미 계획되어 있다. 기대하라. 그분에게는 우리가 알지 못하는 모든 상황과 환경을 초월하여 행하실 하나님의 경영 계획이 있다. 지금도 하나님은 이 믿음의 결단과 함께 힘차게 발걸음을 내딛는 자들을 찾고 계신다.

홀로서기

맨바닥에 헤딩하기

무거운 이민 가방 두 개를 들고 도착한 일본 나리타공항으로 나를
맞이하러 나온 분은 작은 키의 40대 초반 싱글 여성 선교사님이셨
다. 처음 4년의 사역을 성공리에 마치고 2기 사역을 새롭게 시작하
며 동경 구단시타 지역 센슈 대학 정문 앞에 안디옥 교회를 개척하여
세 명의 자매들을 섬기고 계셨던 김옥희 선교사님이다.

　나중에 안 사실이지만 세 명의 자매 중 고등학생이던 자매는 한
달 후에 유학을 떠나고, 대학생 자매는 날라리 기질이 있고, 청년 자
매는 정신적으로 약간 문제가 있었다. 그리고 센슈 대학에서 찾아오
는 몇몇의 대학생들은 아직 예수를 모르고 그저 선교사님의 사랑과
섬김에 감동하여 오가고 있었다.

나 역시 선교사라는 타이틀로 일본 땅에 오기는 했지만 아무 준비도 되어 있지 않은 초년생으로서 교회에서 해본 기본적인 성경공부와 묵상 훈련 그리고 들입다 기도만 할 줄 알 뿐이었다. 한 번도 누구에게 전도하거나 제자훈련 시키는 것을 배워본 적도 없었기 때문에 말 그대로 맨바닥에 헤딩하는 사역이 시작된 것이다.

그 시작은 방을 구하는 일부터였다. 동경이 워낙 땅값이 비싼 곳이라 장소 찾기가 만만치 않았다. 그런데 하루는 너무 싼 곳을 발견해서 선교사님에게 말한 뒤 선교사님과 함께 찾아가보았다. 그러자 선교사님이 막 웃으며 그곳은 월세 자동차 주차장이라고 알려주었다. 결국 동경 시내에서 특급전철로 50분이나 떨어진 '우라야수'라는 곳에 아주 겸손한 판자로 된 방을 미화 300불에 구하게 되었다. 1997년 1월 한겨울, 방 안이 얼마나 추운지 솜이불 두 채를 덮고 누워도 후후 입김이 나올 정도였다. 그때부터 난생처음 광야와 같은 홀로서기 신앙생활이 시작되었다.

선교가 아니라 훈련이다

나는 여기까지 선교사로 왔다지만 주님의 의중은 선교가 아닌 훈련에 있었다. 매일 새벽 나는 4시 30분에 일어나 5시까지 씻고 운동하고, 5시부터 6시까지 말씀을 묵상하고, 6시부터 8시까지 묵상한 말씀을 붙들고, 그리고 정해진 기도 제목을 따라 죽어라 기도하고, 부랴부랴 달려가 전철을 타고 교회로 갔다. 그런데 교회에 가도 막상 할 게 없었다. 성도가 있는 것도 아니고, 특별한 훈련이 진행되는 것도 아니고, 결국 일주일에 삼 일은 캠퍼스를 다니며 전도한답시고 혼자서 왔다 갔다 했다. 사실 지금 생각해도 참 가관이다.

경영학 공부를 하면서 부전공으로 일본어를 했기 때문에 어느 정도 회화가 가능했던 나는 주변 대학을 다니며 일본어로 말을 건넸다. 그럴 때 당혹스럽게도 벌레 보듯이 피하는 사람들을 보며 안 되겠다 싶은 마음에 일부러 영어로 말을 걸기도 했다. 감사하게도 영어에 대한 동경을 가지고 있던 사람들이 마음을 열고 내 말을 들어주기도 했지만 그것도 잠시일 뿐, 예수님에 대해 나누기만 하면 종교에 대한 이야기를 나누기 꺼리는 일본인들의 특성상 금세 다시 대화가 막히곤 했다.

어느 때는 찾아간 대학의 가장 높은 빌딩에 올라가 얼추 배운 중보기도 흉내를 내며 그 학교와 학생들을 축복하고 일본을 축복했다. 때로는 성령의 인도하심으로, 때로는 지금 내가 뭐하나 싶은 비참함과 서러움에 눈물을 글썽거리며 기도하다보면 일본 학생들이 힐긋힐긋 쳐다보았다. 결국 기도하며 고심한 끝에 영어와 태권도를 가르치며 일본 대학생들에게 전도하고 한편으로 한국 유학생들에게 전도와 제자훈련을 하는 사역을 시작했다.

하나님의 내적 치유

그러나 무엇보다 내게 가장 충만하고 은혜로웠던 시간은 월세 300불짜리 방에서 매일 아침 주님과 함께 보낸 시간들이었다. 묵상을 하다가 말씀을 통해 주시는 주님의 음성에 울고, 그 말씀을 붙들고 기도할 때 이 과정을 통해 오랫동안 내 안에 있던 아픔과 미움 그리고 갈등의 문제들이 자연스럽게 드러나게 되었다.

아버지는 일찍 부모님을 여의고 청소년 시절부터 평생을 먹고살기 위해 그야말로 몸부림치며 사신 분이다. 감사하게도 그 과정을 통해 나름대로 자수성가하셨다. 하지만 자녀를 어떻게 양육하고 가정을 어떻게 이끌어야 하는지 전혀 모르셨다. 등록금을 내주고 학교에 보내주기는 해도 자녀가 무엇을 원하는지 살펴서 그 필요를 채워주는 것이 무엇인지 전혀 모르셨다. 멀쩡한 주인집 아들로 살았지만 나는 우리 집에 세 들어 사는 집 아이의 자전거를 열 번 밀어주고 한 번 얻어 타야 했고, 다른 아이들에게 그 흔한 간식이나 군것질거리가 항상 부족했다. 한번은 신발이 낡아 새 신발을 사러 시장에 갔는데 그때 내 또래 남자 아이들 사이에서 유행하던 축구화를 갖고 싶은 마음에 안 될 걸 뻔히 알면서 조르고 조르다가 결국 그 축구화로 맞아 울면서 집으로 돌아온 기억이 지금도 난다.

그러나 말씀과 기도를 통해 나는 오래전 여러 아픔을 주었던 아버지를 용서하고 이해하게 되었다. 미워했던 누군가를 용서하게 되었고, 미안한 누군가에게 사과의 편지를 썼다. 내 안에 있던 음란의 문제들을 놓고 몸부림치며 싸우는 시간들도 가졌다. 일본 선교 이후 잠시 한국에 나왔을 때 그 당시 교회마다 유행하던 프로그램 가운데 하나가 '내적 치유'라는 것을 알게 되었는데, 나중에 자세히 알아보니 내가 말씀을 묵상하며 주님 앞에서 그 말씀에 반응하며 가졌던 시간과 과정들이 다름 아닌 내적 치유, 영적 전쟁이었음을 알게 되었다.

영적 홀로서기 훈련

물론 조심스럽다. 하지만 이 시대 그리스도인들은 쉽고 편리한 것이 좋다는 세상적인 기준에 따라 신앙생활도 쉽고 편리한 프로그램이나 간단한 세미나를 선호하고 의존하려는 경향이 있는 것 같다. 어떤 특수한 상황과 사람에게는 이런 것들이 필요할 수 있다. 하지만 결국 성경과 2천 년 기독교 역사 가운데 하나님께서 믿음의 사람들에게 주신 권면은 '말씀을 주야로 묵상하는 것'이며, 그것을 통해 받은 하나님의 말씀을 붙들고 씨름함으로 말씀을 영적으로 소화시키는 '기도'에 있다.

이 과정이 있어야만 나에게 진리가 실제가 되며, 실제가 된 진리가 실제 나의 삶 가운데 역사하게 된다. 이 과정들이 귀찮고 힘들어서 그 대용으로 많은 설교를 듣고 여러 가지 프로그램에 참석한다고 하자. 그 결과는 어떤가? 진리의 말씀이 삶의 실제가 되지 못한다는 것이다.

나는 지난 25년간 성경의 흐름을 좇아 말씀을 묵상해왔다. 사실 나는 그 시간들이 신학교나 어떤 프로그램을 통해 얻는 유익보다 크다는 것을 고백할 수 있다. 깨달은 말씀이 내 삶에 실제가 되도록 도와달라고, 그렇게 살 수 있는 능력을 달라고 기도하고, 오늘 받은 이 말씀만큼은 오늘 반드시 살아내겠다고 몸부림치며 지금까지 달려왔다. 이 홀로서기의 과정이 누구에게나 반드시 필요하다. 말씀과 기도로 주님 앞에 홀로 나아가 그분의 공급하심과 인도하심을 받을 수 있도록 그분으로부터 홀로서기를 배우는 것이다.

어부로 살아도 괜찮겠다!

많은 시행착오와 몸부림으로 1년이라는 시간이 흐른 어느 날, 나는 문득 '아, 이렇게 살아도 괜찮겠다'라는 생각이 들었다. 스스로도 놀라며 마음 한편에 담아 두게 되었고, 그날도 어김없이 순서에 따라 묵상할 본문 앞에 섰을 때 다음 한 구절이 내 마음을 흔들었다.

예수께서 이르시되 나를 따라오라

내가 너희로 사람을 낚는 어부가 되게 하리라 하시니

마가복음 1:17

물론 그 전에도 몇 차례 대한 말씀이었다. 그러나 그날은 달랐다. 이 말씀 앞에 앉아 주님의 인도하심을 구했을 때 이 말씀이 내게 주시는 주님의 음성으로 다가왔다. 얼마 전 주님의 사역자로 사는 것도 괜찮겠다는 마음을 가진 후 주님은 기록된 말씀을 통해 내게 다시 말씀해주신 것이다.

그러나 그 순간 내 마음 가운데 '이건 현실적으로 안 돼. 불가능해'라고밖에 할 수 없는 이유가 생각났다. 바로 어머니였다. 어린 동생에게 맡겨두고 떠나온 어머니…. 내가 사역을 위해 다시 헌신하게 된다면 그 지역에 신학대학원이 없기 때문에 어머니를 떠나야 하고, 동생에게 다시 가족의 생계에 대한 짐을 지운 채 몇 년을 보내야 한다. 나로서는 도저히 할 수 없는 일이었다.

그리고 며칠 후 인도하심에 대한 최종 확인이 있는 사건이 일어났다. 일본에 있는 선교사님들을 위해 한국 총신대 총장님이 집회를 인도하러 오셨는데 내가 섬기던 김옥희 선교사님이 나를 데리고 그 집회에 참석한 것이다. 은혜로운 말씀이 끝난 뒤 이상한 일이 벌어졌다. 그곳에 모인 분들은 대다수 선교사님들로서 이미 헌신하신 분들인데 총장님은 마지막 말씀으로 주님께 다시 헌신하기 원하시는 분들은 그 자리에서 일어나라고 하셨다. 나는 속으로 '아니, 다 헌신하셔서 선교사로 여기까지 오신 분들인데 뭘 다시 헌신하라고 하시는지…'라고 중얼거렸는데, 그 순간 '너… 너 말이야'라는 마음이 떠오른 것이다.

나는 얼떨결에 자리에서 일어섰다. 그리고 나도 모르게 "주님, 저는 잘 모르겠지만, 어머니와 경제적인 문제와 이 모든 것을 주님이 어떻게 하실지 저는 모르겠습니다. 그러나 주님이 원하시면 그렇게 하겠습니다"라고 말한 뒤 얼마나 울었는지 모른다. 눈이 벌겋게 충혈되었다. 나의 모든 생각과 지식을 뛰어넘어 요청하시는 주님 앞에 무식하고 단순하게 내 모든 계산을 내려놓고 순종하기로 결단한 것이다.

여호와 이레

놀랍게도 그로부터 2주 후 내가 몸담고 있던 워싱턴 지구촌교회 청년부 담당 집사님이 학회 차 일본에 오셨다가 선교사로 나와 있는 나를 만나기 위해 찾아오셨다. 이런저런 이야기를 나누다가 최근 결단한 일과 함께 마음의 고민과 어려움을 나누었는데 집사님이 갑자기 웃으며 "아마 괜찮을 걸…" 하시는 것이다.

"지금 남침례신학대학원에서 목회자들을 대상으로 하는 분교를 우리 교회 건물에서 하고 있어. 매주 교수님들이 본교에서 비행기를 타고 와서 가르치고 있으니 어머니를 떠나 멀리 갈 필요도 없이 교회 내 한어 중고등부(미국 이민 교회는 보통 사역이 한국어로 섬기는 사역과 영어로 섬기는 사역으로 구분되어 있다)를 맡아 사역하면서 학업을 병행하면 될 거 같군. 내가 담임목사님께 말해둘 테니 선교 잘 마치고 돌아와."

놀라우신 하나님! 나는 '여호와 이레'가 되시는 주님을 그 앞에서 목도했다. 그때 깨달았다.

'여호와 이레의 하나님을 만나기 위해서는 먼저 그분의 말씀에 무조건 반응하는 것이 중요하구나. 인간적인 계산과 생각으로 이래서 안 됩니다, 저래서 불가능합니다 했다가는 나를 인도하시는 그분의 여정 가운데 들어갈 수 없고, 완전하게 모든 것을 예비하신 그분을 절대 만날 수 없구나.'

이 작은 경험을 통해 내가 확신하게 된 것은 "무조건 순종, 그러면 주님은 예비하신 대로 인도하신다"는 단순한 영적 공식이었다.

승부처는 세상이 아니라 하늘이다

그렇게 시간이 흘러 약속한 날짜가 되었고 마지막 주일 설교와 동시에 일본에서의 짧았던 선교생활을 정리할 때가 왔다. 불과 6개월

전 김옥희 선교사님이 교회 가운데 있던 식탁을 치우고 그 좁은 교회 방(건물이라고 하기엔 너무 작았다) 안에 의자 20개를 빼곡히 놓으며 "에휴, 이 자리에만 다 앉아도 좋겠다"라고 하셨는데, 감사하게도 마지막 주일 아침에 20여 명이 의자에 다 앉는 모습을 보며 하나님의 말씀을 전하게 되었다. 그리고 그날 밤 교회 방 안에서 혼자 창밖을 바라보며 아무것도 모른 채 무작정 와서 수많은 시행착오를 거듭했던 시간들을 떠올려보았다. 결론은 여전히 아쉽다는 것이었다.

'좀 더 잘할 수 있지 않았을까, 좀 더 열심히 했더라면….'

그러나 최종 결론은 모든 것이 '주님의 은혜'였다는 것이다. 아무 준비도 되어 있지 않던 나의 겨자씨만한 믿음과 작은 헌신의 발걸음을 보시고 주님이 친히 그 길을 인도해주셨다. 또 이런 나의 믿음의 결단을 소중하게 보시고 신뢰를 보내주신 김만풍 목사님에게도 감사가 되었다. 모두가 하나님의 은혜이고 사랑이었다.

나는 지금도 내가 만나는 청년들에게 이 도전을 나눈다. 청년의 때에 무작정 불로 달려드는 불나방처럼 세상으로 뛰어들지 말고 삶의 시간을 떼어 주님께 드려서 영적 홀로서기를 하고, 열방을 향한 아버지의 마음을 깊이 체득하는 시간을 갖는 것이 무엇보다 중요하다. 믿음의 부모님들에게도 자녀들에게 이런 기회를 갖도록 격려하라고 권한다. 이렇게 홀로 서서 영적 견문을 넓힌 친구들은 삶을 대하는 관점 자체가 다르기 때문이다.

최근 대학생들 사이에 유행하는 언어 연수나 스펙 쌓기 경쟁으로

승부가 나는 것이 아니다. 왜 남들이 다 하는 패턴을 좇아가며 그 안에서 살아남으려고 발버둥을 치는가? 선교 현장에서 홀로 그 광야에서 주님을 대면한 자들에게 부어지는 하늘의 통찰력과 시대를 보는 눈들을 경험하게 되면 우리가 이 세상을 대하는 태도와 관점이 세상의 틀 안에 갇히지 않고 그것을 초월하게 된다.

순수한 동기와 단순한 순종

"베트남 사람이 나오는 줄 알았어."

일본 사역을 마치고 한국을 들러 미국 워싱턴 공항에 내리자 마중 나온 동생이 나를 보고 깜짝 놀라며 말했다. 일본에서 지내는 동안 나는 늘 위장병에 시달려 음식을 제대로 먹지 못할 때가 많고 또 먹어도 소화시키느라 고생한 적이 많았다. 결국 몸이 많이 축나버렸고 머리카락도 많이 빠진 상태였다. 지금도 그때 생긴 위장병의 후유증과 귀의 염증이 남아 있다.

하지만 내게는 훈장이라면 훈장이다. 그때 그 시간을 잊지 말라는 주님의 메시지다. 아무것도 모르고 아무 경험도 없지만 어찌 되었든 주님이 기뻐하시는 삶을 살고자 발버둥친 그때 그 태도와 동기를 끝까지 놓치지 말라는….

나는 지금도 사역에 있어서 '순수한 동기'와 '단순한 순종'이 가장 중요하다고 믿고 있다. 사역을 잘 감당하고 그 결과로 좋은 열매를 맺는 것도 중요하다. 하지만 결국은 자세다. 어찌 되었든 주님이 원하시는 삶을 살아내고자, 그분의 뜻에 순종하고자 몸부림치는 자세 그리고 그 동기가 신앙과 사역의 핵심이라고 생각한다.

그 과정을 통과한 다음 우리는 경험과 연륜을 통해 성숙함으로 나아가게 된다고 믿는다. 기억하라. 이 순수함과 순종의 태도를 놓쳐버리면 성숙함은 타성으로, 연륜은 종교 행위로 변화되기 쉽다. 무엇보다 주님으로부터 받은 놀라운 비전이 야망으로 변질되기 십상이다. 그래서 나는 지금도 몸부림친다.

"나의 태도가 주님 앞에 온전한가? 주님을 섬기는 나의 모든 동기는 순수한가?"

사람은 외모를 보거니와
나 여호와는 중심을 보느니라
사무엘상 16:7

우리의 중심을 보시는 하나님 앞에 중심이 변질된 사람이 무엇을 이루어낸들 주님이 과연 칭찬하시겠는가? 아무리 놀랍고 탁월하게 사역을 잘 하더라도 어느새 변질되어 인간적인 머리를 굴리고 흔히 말하는 정치를 하게 된다면 주님이 기뻐하지 않으실 것이다. 청년들이나 후배 사역자에게 순수함이 사라진 듯한 모습을 보게 될 때 나는 선배 사역자로서 씁쓸함을 감출 수 없다. 청년의 때에 '순수함과 단순한 순종'이 없다면 무엇이 있겠는가?

ALL IN

PART 2

광야

허락된 광야

기막힌 현실

미국으로 다시 돌아가는 나의 마음은 불타오르고 있었다. 아무것도 모르고 일본으로 갔을 때와 달리 전도도 해보고 제자훈련도 해보고 여러 경험 후에 맛본 귀한 열매들로 인해 어느 정도 자신감에 차 있었다. 물론 지금 생각하면 쥐구멍이라도 찾고 싶을 만큼 창피하지만 당시 나는 어마어마한 마음을 품고 있었다.

"미국은 기다려라…. 이제 내가 가서 미국을 뒤엎어버리겠다!"

바로 이런 심정이었기 때문이다. 그런데 하나님이 보시기에도 그렇지만 사단이 보기에도 얼마나 가소로웠겠는가?

그렇게 미국으로 돌아와 정신을 차려보니 나를 기다리는 것은 하나님의 놀라운 예비하심과 엄청난 축복이 아니라 기막힌 문제와 현실이었다. 고백하건대 나는 다시 하라면 절대 못할 것 같은 그런 시간들을 보내게 되었다.

일본으로 떠나기 전 알던 형님이 새롭게 사업을 시작한다고 했다. 돕고자 하는 마음은 있었지만 가진 현찰이 없었던 나는 내 소유의 크레디트 카드 석 장을 그에게 주고 왔다. 미국은 신용도가 중요한 사회다. 그렇기 때문에 일본 선교 이후 어느 정도 직장을 경험한 다음 곧장 사업을 시작하려면 미리미리 좋은 신용을 쌓아두면 좋겠다 싶어서 나름대로 잘 관리해온 카드들이었는데, 그토록 신신당부했건만 크레디트 카드의 대출 상한선을 넘어 내 신용도는 이미 다 망가졌을 뿐만 아니라 내 이름으로 카드를 더 발급받아 카드빚이 총 6만5천 불에 이자만 매달 2천4백 불에 달하고 있었다.

또 다른 문제는 사랑하는 어머니의 병세였다. 내가 떠날 때만 해도 어머니는 회복되는 단계였고 그래서 안심하고 떠나왔건만 돌아와 보니 암이 재발하여 항암 치료와 방사선 치료를 하더라도 어쩌면 마지막을 준비해야 할지 모른다는 것이다. 엎친 데 덮친 격으로 아직 주님을 깊이 만나지 못한 동생에게 신학교에 가고 사역자의 길을 가겠다고 하자 형이 돌아오기만을 기다린 동생의 눈에는 그런 내가 자기 앞길만 챙기는 이기적인 사람이 되어버리고 말았다. 한국에 계신 형님은 IMF 이후 모든 사업이 무너져서 미국에 있는 우리를 돌볼 수 있는 형편이 아니었다.

아, 미치겠다!

　솔직히 그때 내 입에서 계속된 탄성은 "아, 미치겠다!"였다. 아직 다 풀지 못한 이민 가방을 보면서 그대로 다시 일본이든 어디든 훌쩍 떠나버리고 싶은 마음이 간절했다. 그때부터 내 삶은 전투였다. 낭만적이고 아름다운 신앙생활은 온데간데없고 나는 또 다른 광야를 걸어야 했다. 이번에야말로 거칠고 숨 가쁘게 변한 신앙의 실제 상황 가운데 던져진 것이다.

　나는 매주 월요일에 신학교를 가고, 화요일부터 금요일 저녁까지 사이딩(siding, 건물 외벽을 마감재로 붙이는 일) 작업을 했고, 금요일 저녁부터 주일까지는 교회 사역을 했다. 막노동을 통해 번 일당과 파트타임으로 교회에서 받은 사례는 고스란히 카드 이자로 나갔다. 노동일이 충분하지 않을 때는 이민센터에서 파트타임으로도 일했다. 어떻게든 살아남기 위해 나는 무슨 일이든 손에 잡히는 대로 했다.

　매일 새벽에 일어나 새벽기도를 드릴 때 너무 피곤해서 무릎을 꿇고 이마를 바닥에 댄 채 1시간 이상 잠든 일도 비일비재했다. 일을 마치고 지친 몸을 이끌고 집에 돌아와 병상에 누운 어머니의 머리카락이 다 빠진 머리에 손을 얹고 간절히 기도하며 속으로 눈물을 삼킨 적이 얼마나 많은지 모른다. 그런 다음 거실에 나와보면 동생은 맥주잔을 기울이며 벌게진 얼굴로 야속한 현실과 대책 없는 형으로 인한 원망과 넋두리를 늘어놓았다.

그럴 때 나는 녹초가 된 몸을 거의 주워담다시피 일으켜서 다시 교회로 향했다. 그리고 당시 교회 어르신들을 위해 바닥에 카펫을 깔아놓은 지하 방으로 들어가 밤새 고래고래 소리를 질렀다.

"하나님!!!!!!!!!! 아버지!!!!!!!!!!!"

원망과 한탄에 차서 흐느끼다 지쳐서 바닥에 쓰러져 누울 때도 많았다.

"대체 왜 이러시는 거예요! 내가 일본에 놀러갔다 왔습니까? 내가 일본에서 무슨 죄라도 지었습니까? 그렇게 원했던 세상 성공 다 버리고 이제 헌신하겠다는데 대체 왜 이러세요? 왜요?"

일어나라! 깨어라!

그러던 어느 날에는 일본 하코방 같은 찬 바닥에 앉아 묵상했던 시편의 말씀들이 떠올라 그 말씀 그대로 나 스스로에게 선포하기 시작했다.

내 영혼아 네가 어찌하여 낙심하며
어찌하여 내 속에서 불안해 하는가
너는 하나님께 소망을 두라
그가 나타나 도우심으로 말미암아

내가 여전히 찬송하리로다

시편 42:5

성령이 충만해서, 놀라운 은혜 가운데 있어서 그렇게 한 것이 전혀 아니었다. 내 마음은 답답함과 원통함으로 가득했지만 이를 악물고 믿음으로 선포하여 외친 것이다. 이런 상황에서도 누군가는 오히려 하나님을 찬양하고 춤을 추며 경배했다는 것을 떠올리며 의지적으로 찬양한 적도, 정말 미친 사람처럼 춤을 춘 적도 있다. 성령 충만해서? 아니다. 의지를 드러서 말씀대로 하려고 몸부림친 것이다.

우리에게는 늘 두 가지 선택이 있는 듯하다. 살아 있는 하나님의 약속의 말씀을 붙들고 모든 상황과 환경 가운데서도 포기하지 않고 돌파하든지, 아니면 상황과 환경 그리고 자기 감정의 지배를 받아 눌리거나 끌려다니든지…. 그래서 자신이 너무 답답하고 힘든 상황에 눌려 있다면 자기 감정에 이끌리거나 문제를 바라볼 것이 아니라 약속의 말씀을 붙들고 믿음으로 선포해야 한다.

이 말씀의 선포는 일차적으로는 하나님을 향한 믿음의 고백이다. 그리고 나 자신을 스스로 도전하고 깨우는 것이며 사단에게는 믿음의 반격을 하는 것이다. 때로는 의지적으로라도 주저앉지 말고 일어나 고개를 들고 큰 소리로 선포해야 한다.

"나의 하나님은 살아 계십니다! 나의 아버지는 지금도 역사하십니다!"

"내 영혼아, 그 하나님을 바랄지어다. 내 속에 있는 모든 것들아, 예수의 이름으로 명하노니 일어날지어다. 깨어날지어다. 주를 바랄지어다."

믿음의 선포

이 믿음의 선포가 잠자는, 그리고 지쳐 있고 문제에 눌려 있는 나의 심령을 일깨우며 하나님 차원의 새로운 힘을 불러온다. 멈추지 말고 계속해서 상황과 감정이 아닌 신실하신 하나님을 바라보며 믿음의 고백과 선포를 올려드려라. 그분은 우리의 이 고백을 들으시고 반드시 역사하신다.

> 일을 행하시는 여호와, 그것을 만들며 성취하시는 여호와,
> 그의 이름을 여호와라 하는 이가 이와 같이 이르시도다
> 너는 내게 부르짖으라 내가 네게 응답하겠고
> 네가 알지 못하는 크고 은밀한 일을 네게 보이리라
>
> 예레미야서 33:2,3

예레미야가 이 말씀을 언제 하나님께 받아서 선포했는가? 북왕국 이스라엘은 이미 멸망해서 사라지고 없고 남왕국 유다마저 멸망의

기운이 짙어질 때, 아무리 하나님의 말씀을 선포해도 아무도 그 말씀 앞에 반응하지 않고, 거짓 선지자들과 악한 왕들, 고집불통의 유다 백성들이 끝까지 하나님의 말씀을 대적하던 그때에, 결국 궁중 시위대 뜰에 갇혀 선지자 자신도 지쳐 있던 어느 날 여호와의 말씀이 그에게 두 번째로 임한 것이다. 이번에도 예레미야는 하나님의 말씀을 받은 그대로 선포한다. 자기 자신을 향해, 그리고 패역한 유다 백성들을 향해….

일어나 선포하라. 약속의 말씀을 붙들고 상황과 환경을 초월하여 역사하시는 하나님을 의지하여 스스로에게 그리고 세상에게 선포하라.

"전능의 주가 다스리십니다!!!"

한어 중고등부 사역

월요일에 신학교에 가고 새벽에 일어나 새벽기도를 드리고 다시 막노동을 하고 사역을 하고 이런 일이 수없이 반복되던 어느 날 내가 하나님께 푸념을 했다.

"하나님! 나도 누구처럼 아무 걱정 없이 사역만 마음껏 할 수 있었으며 좋겠어요. 그럼 정말 더 잘할 수 있겠어요."

그런데 그때 주님은 내 마음 가운데 잔잔하지만 분명한 음성을 들려주셨다.

"지금 너에게 주어진 그 모든 일이 바로 너의 사역이다."

주님에게는 우리의 개인적인 삶과 사역이 따로 있지 않았다. 물론 공과 사를 구분하지 않는다는 의미는 아니다. 그러나 주님은 우리의 삶과 사역을 결코 분리하지 않으신다. 이것이 간혹 우리가 빠지기 쉬운 이원론이 아닌가. 우리의 삶 자체가 주님 앞에 드려지는 사역이 되고, 또한 사역은 삶의 한복판에서 주님 앞에 올려드리는 예배가 되어야 한다.

당시 교회 사역을 시작하면서 내가 맡아 섬기기로 했던 한어 중고등부는 그야말로 '대박'이었다. 여러 가지 사정상 몇 달간 사역자가 없는 공백으로 생긴 자리였는데 막상 부서를 맡아보니 그동안 선생님들이 얼마나 많은 헌신과 노력을 해주셨는지 알 수 있을 만큼 감당하기 어려운 친구들이 그곳에 있었다. 조기 유학의 문제가 있던 아이들, 처음 이민 와서 먹고사는 것이 가장 큰 문제인 가정에서 한바탕 전쟁을 치르며 힘겹게 지내는 아이들, 어떻게 학교는 다니지만 여전히 불법체류자 신분인 아이들, 그밖에 도무지 해결되지 않는 언어 문제와 외국 학교생활의 어려움으로 고통스러워하는 아이들이 많았다.

처음에는 나도 분위기 파악을 못하고 태권도 유단자로 거룩한 공포 분위기를 조성해서 아이들을 잡아볼까 하다가 이건 아니다 싶었다. 일본 선교를 마치고 미국으로 돌아올 때 미국을 단숨에 뒤엎겠다고 호언장담하던 사람은 어디 가고 실상 몇몇 아이들도 제대로 섬기기 어려워서 내가 뒤집어질 지경이었다.

변화와 성장 그리고 선교

나는 기도했다. 사실 기도밖에 다른 뚜렷한 생각이 나지 않았다. 새벽마다 아이들과 선생님들의 이름을 불러가며 기도했고 먼저 아이들을 한 명 한 명 만나기 시작했다. 놀랍게도 한 명을 만나면 한 가지 사연이 나왔고, 열 명을 만나니 열 가지 사연이 나왔다. 이것을 어떻게 다 해결해야 할지 막막해졌다. 그때 그들을 변화시키는 것은 사랑으로 함께하는 것과 하나님의 강력한 말씀뿐이라는 것을 알게 되었다.

가장 센 놈부터, 흔히 말하는 가장 어려운 아이들부터 먼저 만나 함께 시간을 보냈다. 같이 먹고 구경도 다니고 그러면서 계속해서 말씀으로 권면하며 관계를 맺어가기 시작했다. 금요일과 주일 모임과 예배 때 기도하며 말씀을 준비하여 선포했다. 또 태도가 좋은 아이들은 주일 아침 더 일찍 모아 별도의 리더십 훈련을 했다.

그렇게 1,2년이 지나면서 아이들이 변화되고 모임도 성장하게 되었을 때, 나는 이 아이들을 데리고 선교를 가야겠다고 마음먹었다. 목적은 두 가지였다. 비록 지금 힘들고 어려워도 결국은 관점의 문제이기 때문이다. 일찍부터 하나님나라와 선교에 대한 관점을 심어 주고 아울러 자신보다 더 어렵고 힘든 사람들이 얼마나 많은지 직접 보고 체험하도록 하기 위해서다. 3년째 되던 해부터 아이들을 데리고 멕시코 쿠알라품프라는 지역으로 단기 선교를 가서 교회 건물을 짓고 그곳에 있는 아이들을 초청하여 이벤트를 하고 복음을 나누는 일들을 하게 되었다.

그렇게 시작한 중고등부 선교가 이후 장년들까지 함께하는 선교로 발전하였다. 그때 헌신적으로 함께 섬겼던 시간이 아직도 기억에 남아 있다. 한번은 중요한 집회를 계획한 다음 마을로 다니며 사람들을 초청했는데 일기예보로는 그날 아침부터 폭우와 심한 바람이 있을 거라고 했다. 아침부터 하늘은 먹구름으로 뒤덮였고 바람도 매우 거칠게 불었지만 선교 현장의 모든 일정을 주님께 맡기고 장년과 학생 모두 다 함께 기도했다.

집회가 시작되고 수백 명이 모였지만 날씨는 여전히 심상치 않았다. 이미 어두울 대로 어두워진 하늘에서는 번개가 치기 시작했고 간간이 빗방울도 떨어졌다. 그럼에도 우리가 할 수 있는 것은 계속해서 기도하며 멈추지 않고 계획된 공연을 하고 말씀을 선포하는 것이었다. 감사하게도 영접을 위해 초청할 때 얼마나 많은 분들이 주 앞으로 나왔는지 모른다.

마지막으로 함께 동역한 현지인 사역자를 소개하며 앞으로 꼭 교회에 나올 것을 다짐받은 다음 프로젝트 등 여러 집회 장비를 접자 그동안 멈춰 있던 빗줄기가 쏟아지기 시작했다. 집사님들과 학생들 모두 장비를 들고 숙소로 돌아오며 장대비 속에서도 웃으며 찬양했고, 날씨와 구원의 역사를 이루신 우리 하나님을 높여드렸다. 그중에 한 가정이 주님의 부르심을 좇아 선교사로 헌신하여 지금도 그 땅을 아름답게 섬기고 있다.

광야 연단과 훈련

그 와중에도 나는 여전히 새벽에 기도했다. 막노동을 하며 빚을 갚았고, 어머니의 머리에 손을 얹어 기도하고, 동생을 이해시키며 그렇게 2년이 흘러 결국 모든 문제가 해결되었다. 그리고 내 손에는 책과 옷가지 그리고 500불이 남게 되었다.

어머니의 병세는 여전했지만 감사하게도 거동이 불편하지 않고 신앙생활 하기에 문제가 없을 만큼 하나님께서 회복시켜주셨다. 얼마 못 사실 것 같다고 한 어머니는 그 후로 10년 이상 더 사시다가 나중에 평안히 주님 품에 안기셨다. 동생은 이후로 부족한 형을 이해해주었고, 아직은 연약하지만 버지니아에 있는 성광교회 집사로 성가대원으로 섬기며 주님을 따르고 있다.

우리가 주님께 우리의 삶을 드릴 때 우리의 헌신을 기뻐 받으시는 아버지께서는 우리를 놀라운 사역과 비전의 현장으로 곧장 인도하시지 않는다. 그 반대다. 사망의 음침한 골짜기와 땡볕이 내리쬐는 광야로 인도하신다. 모든 의지할 만한 것들을 제거하시고, 그분을 향한 우리 마음을 불도가니 속에서 녹여 솎아내듯 연단하신다. 우리는 이 과정을 통해 주님이 쓰시기에 합당한 그릇으로 빚어지며 우리를 향한 그분의 부르심에 대한 확정을 받게 된다.

만약 이 과정을 건너뛰면 어떻게 될까? 공통적으로 나타나는 현상이 있다. 쉽게 무너진다는 것이다. 사실 이런 과정을 통과해도 우리는 연약하여 때때로 흔들릴 때가 있다. 그러나 바닥을 치고 완전히 깨어져 자기 마음의 중심과 동기가 철저히 검증되고 연단 받은 심령은 쉽게 무너지지 않는다.

그러나 반드시 기억하라. 이런 연단과 훈련의 과정이 단 한 번으로 끝나는 것은 아니다. 다음 단계로 더 깊이 그분 안으로 들어갈 때마다 이런 시간들이 되풀이될 것이다. 감사한 것은 막상 그런 시간 앞에서는 너무 힘들고 어렵지만 실상은 그런 시간들을 통해서 우리가 모든 일이 있은 후에도 넘어지지 않고 온전히 주님 앞에 서는 제자들이 된다는 것이다.

서둘지 말라. 주님은 모든 것을 아신다. 그분의 완전한 계획에 따라, 지금 우리에게 가장 필요한 우선순위에 따라 우리를 인도하신다. 때때로 이렇게 말하는 사람을 만나기도 할 것이다. 물론 자기 입으로 직접 말하지 않더라도 그 사람의 태도와 행동을 보면 알 수 있다.

"나는 지금 뭔가 안 풀려서 이러고 있지만 이후에 반드시 뭔가 할 거야. 사실 나는 이렇게 살 사람이 아니거든."

그러나 나는 단호하게 말할 수 있다. 단 들을 수 있는 사람에게만 하는 말이다.

"아니, 너는 지금 그렇게 해야 돼. 그렇기 때문에 하나님이 그 자리에 두신 거야. 네가 해야 할 것은 이후에 감당하고 싶은 어떤 일이 아니야. 네가 해야 한다고 생각하는 무언가도 아니야. 바로 지금 하나님이 네게 허락하신 이 자리, 이 상황에서 아버지께서 허락하신 그 일이야!"

집중하라는 것이다. 영적 주파수를 하나님께 집중하라. 자신에게 집중하지 말고, 상황과 환경에 집중하지 말고, 하나님 그분에게만 집중할 것. 모든 것을 그 완전하신 뜻 가운데 합력하여 선을 이루시며 운행하시는 그분에게 집중하라! 그래서 그분의 의중에 모든 것을 맞추어 지금 그분이 주신 상황 안에서 주어진 일에 최선을 다하며 감당하라는 것이다. 그런 자들에게 하나님의 '카이로스'Kairos, 그분의 놀라운 때가 임하는 것이다.

광야는 오직 그분에게 집중하는 시간이다.

07

내려놓음

이것만은 안 돼요!

1999년 12월 말, 문제가 전부 해결된 것은 아니지만 이제 좀 숨통이 트일 무렵 겨울 수련회를 마친 다음날이었다. 일어나보니 아무도 없어서 혼자서 뭘 할까 하다가 수련회도 잘 마쳤으니 감사기도를 드려야겠다는 생각으로 무릎을 꿇고 기도하기 시작했다. 어느새 중언부언 하고 있을 때 하나님께서 갑자기 배우자를 위해 기도하라는 마음을 주셨다. 나는 속으로 생각했다.

'아! 때가 되었나보다. 리브가를 통해 이삭에게 위로를 주신 하나님께서 고난 가운데 있는 나를 위로해주는 배우자를 주시려나보다.'

나는 감사하는 마음으로 배우자와 결혼을 위해 기도했다.

당시 나의 소원은 아름다운 가정을 이루어 예쁜 딸아이의 손을 잡고 교회에 가는 것이었다. 하나님께서는 지금 나에게 예쁜 딸 대신 군대 장관감인 거친 사내아이 둘을 주셨지만 말이다. 그런데 그때는 왠지 모르게 딸을 간절히 원했다.

그런데 이게 웬일인가? 기도하는 가운데 주님이 내 마음에 주신 말씀은 배우자도 아들도 딸도 아닌 천둥 벼락 같은 말씀이었다.

"내가 원한다면 너는 사도 바울처럼 복음을 위해 혼자 살 수 있겠느냐?"

아니 이건 날벼락 중에서도 상 날벼락이었다. 지금까지 고생도 다 이해할 수 있다. 그토록 고생하며 내가 주님께 간절히 바란 것은 아름다운 믿음의 가정을 이루어 딸의 손을 꼭 잡고 교회에 가는 건데, 아버지 어머니 어느 쪽 누구도 그리스도인을 찾아볼 수 없는 영적 광야와 같은 집안에서 태어나, 이제 처음으로 믿음의 가정을 이루어 보겠다는데 이게 대체 웬 말씀인가? 나는 "네. 뜻대로 하십시오"라는 말 대신 너무 당황한 나머지 "사단아, 물러가라"라고 할 뻔했다.

"하나님, 이러시면 안 되죠. 다른 건 몰라도 이건 아니죠. 제가 뭘 바랬습니까? 그저 황량한 저희 집안에 믿음의 가정 하나 세우는 거, 이게 다였는데 이것마저…. 안 돼요, 안 됩니다!"

정말 죽기 살기로 주님 앞에서 발버둥친 것 같다. 나중에는 속으로 '괜히 결혼 기도는 시작해가지고…' 하면서 두 시간 가까이 씨름했다. 그러나 결론은 뻔했다. 정말이지 서럽게 울면서 "주님, 주님이 원하시면 그렇게 할게요. 사도 바울과 같이 복음을 위해 혼자 살도록 하겠습니다"라고 고백했다. 그런데 그 고백을 마치자 마음 가운데 주님이 주시는 음성이 있었다.

"이제 됐다."

나중에 알게 된 사실이지만 결혼을 내려놓으라는 것은 주님의 테스트였다. 주님의 뜻에 내가 '이것만은 안 돼요'라고 했던 것마저 내려놓기 원하신 결정적인 순종 테스트였던 것이다. 놀랍게도 새해 1월 남침례신학대학원 본교인 켄터키 루이빌 캠퍼스에서 나는 사랑하는 아내를 만나게 되었다.

혹시 마음 가운데 '이것만은 안 돼요'라고 하는 것이 있는가? 미안하지만 그럴 경우 반드시 '내려놓음'을 통과해야만 한다. 팁을 하나드리자면 "이것만은 안 돼요" 그것을 하지 말라는 것이다. 인생이 힘들어진다. "그냥 알아서 하세요" 이것이 여러 모로 좋다. 괜히 하나님과 딜deal 하려고 하다가는 엄청 깨진다.

그러나 한 가지를 반드시 기억하라. 그분은 나를 향한 최선이 무엇인지 아시며, 나를 그 최선으로 인도하기를 기뻐하신다. 그분이 우리 아버지시다.

배우자 인도함

대학원 분교 재학생들은 1년에 두 번 본교로 수업을 받으러 가야 했다. 그래서 주로 여름방학과 겨울방학 기간에 본교에 가서 수업을 들었다. 한 달 전 결혼에 관한 주님과의 사생결단이 있고 나서, 2000년 1월 나는 수업을 듣기 위해 다른 사역자들과 함께 본교 강의실에 앉아 있었다.

그런데 어떤 자매가 "엄마야, 늦었네"라고 하며 강의실 안쪽 계단을 빛의 속도로 뛰어올라가는 것이 보였다. 나는 속으로 '저런 자매를 누가 데려가나…' 싶었다. 그런데 나중에 알고 보니 내가 데려왔다. 첫 주 수업 후 주변의 여러 도움으로 그 자매와 처음 만나보기로 했다. 그때 나는 배우자에 대한 기도 제목을 가지고 있었다. 처음에 20개에서 시작한 기도 제목들은 분수에 맞게 현실적으로 어느새 총 5개로 줄어 있었다.

첫째, 선교 마인드가 있을 것, 둘째, 음악을 할 줄 아는 자매일 것, 이유는 아름다운 음악으로 집안을 가득 채워주고, 내가 지치고 힘들 때마다 나를 위해 연주해주는 자매에 대한 환상을 가지고 있었기 때문이다. 물론 환상이다. 아내는 바이올린을 연주하고 음악에 조예가 깊다. 하지만 지친 나를 위해 연주해준 적은 단 한 번도 없었다. 셋째, 가르치는 은사가 있는 자매이길 원했고, 넷째, 밝고 활달한 성격, 마지막으로 순종적인 자매였다.

첫 만남에서 첫 번째부터 네 번째까지 내 기도 제목과 맞는 것을 확인하고 정말 기뻤다. 더욱이 첫 만남에 밥을 두 그릇이나 먹는 아내를 보면서 '이건 선교 체질이다!'라고 생각했다. 나중에 안 사실이지만 아내는 나와 달리 맞선이나 미팅 같은 만남에 익숙했고, 그날도 부담 없이 나와서 맛있게 음식을 먹고 즐거운 시간을 보내다가 오면 그뿐이라고 생각했다고 한다.

그러나 나는 새벽마다 기도하며 이 자매가 맞는지 주님의 인도하심을 구했고, 다섯 번째 만나는 날 마음에 확신을 가지고 자매에게 말했다. 나는 결정했으니 자매님도 결정되면 알려달라고 말이다. 그리고 너무 오래 생각하지 말라고도 한 것 같다. "지금 때가 얼마나 급박한데, 이런 건 빨리 결정해야 합니다"라고.

그런 다음 나는 비행기를 타고 메릴랜드로 돌아왔다. 이 역시 나중에 알게 되었지만 그 상황은 아내에게 '황당' 그 자체였다고 한다. 어찌되었든 그렇게 돌아온 뒤 나는 매일 편지를 쓰고 매일 전화를 했다. 혹시 응답을 받았느냐 물었고, 빨리 결정하라고 거의 다그치듯 졸라댔다. 지금 생각하면 나는 데이트나 이성과의 대화에 대해 기본도 몰랐던 사람이었다. 물론 이 부분은 지금까지 훈련 중이다.

간절한 음성 듣기

한참을 그렇게 전화하는데 문득 아내가 말했다.

"아니, 결혼하자고 하면서 어떻게 아내 될 사람의 목소리도 구분하지 못하세요?"

그때 아내가 처제와 기숙사 방을 같이 썼는데 두 사람 목소리가 정말 똑같았다. 아무리 들어도 알 수가 없었다. 전화를 걸어서 상대가 받으면 나는 "승혜 자매!" 하고 아내의 이름을 불렀다. 그러면 저쪽에서 "아니에요. 저 원혜예요. 언니 바꿔줄게요"라고 했다. 또 내가 "원혜 자매!"라고 부르면 이번에는 저쪽에서 약간 퉁명스럽게 "아니에요. 저 승혜예요"라고 하는 것이다.

그런데 그것도 한두 번이지, 매번 틀리면서 빨리 결정하라고 재촉하기만 하는 내게 아내가 톡 쏘아붙인 것이다. 나도 속으로 '그러게. 결혼하자고 해놓고 아내 될 사람 목소리를 몰라서야 되겠나' 싶었다.

얼버무린 채 전화를 끊고 나자 사태는 더 심각해졌다.

'어떻게 분별해야 할까? 1번, 부산 사투리를 쓴다? 둘 다 쓰는데…. 2번, 목소리 톤이 높다? 둘 다 높잖아! 3번, 목소리에 힘이 있다? 기도를 많이 하는 편이라 둘 다 힘이 있어. 둘이 매일 같이 기도한다던데….'

아무리 머리를 굴려도 뾰족한 수가 생각나지 않았다. 그렇다고 분별할 수 있는 확신이 생길 때까지 마냥 기다릴 수도 없는 노릇이어서 결국 다시 전화를 걸면서 수화기에 손을 얹고 간절한 마음으로 기도했다.

"아버지, 분별할 수 있도록 해주세요. 이거 분별해야 저 장가갑니다. 정말 도와주셔야 해요."

그 순간 나는 가만히 눈을 감고 청각에 온 몸의 신경을 집중시켰다. 지금 이게 승혜 자매 목소리인지 원혜 자매 목소리인지 "여보세요" 딱 한마디로 구별해야 했기 때문이다. 이윽고 저쪽에서 "여보세요"라고 전화를 받았다. 나는 두근대는 마음을 다잡고 약간은 확신이 부족한 목소리로 "승혜 자매…"라고 하고 기다렸다. 그러자 곧바로 "네, 전도사님"이라고 하는 것이다.

　할렐루야!! 장가갈 소망이 보인 것이다. '주님, 감사합니다.' 그리고 나서 대화가 아주 부드럽게 풀리며 근 한 달을 통화하는 동안 처음으로 자매의 마음이 조금씩 열리기 시작했다. 이윽고 두 달 후 나는 반지를 준비해서 루이빌로 날아갔다. 그리고 눈 쌓인 공원 벤치에 자매를 앉힌 다음 무릎을 꿇고 청혼했다.

　"Would you marry me?"

　결국 그해 6월 나는 아내와 결혼했다. 사실 아내도 나를 만나기 전에 처제와 함께 기도하던 중 주님으로부터 말씀이 있었다는 것을 뒤늦게 알았다. 처제는 YWAM 간사 출신으로 '하나님의 음성듣기'에 훈련된 자매였다. 어느 날 두 사람이 기도할 때 처제가 "언니야, 오늘은 언니, 니 결혼을 위해 기도해야 한다는 마음을 주신다"라고 해서 결혼을 위해 함께 기도했는데, 처제가 성령의 인도하심으로 한 그림을 보았다고 한다.

　양복을 입은 어떤 남자가 가방을 들고 언니가 가고 있는 길을 전력 질주하듯 달리고 있고, 언니는 같은 길을 걸어가지만 들에 있는

꽃도 보고 주변 경치도 둘러보며 천천히 걸어가고 있었다는 것이다. 그런데 달리던 그 남자가 갑자기 언니와 부딪치더니 언니 손을 확 잡고 같이 뛰어가는 모습이었다는 것이다. 나중에 그 이야기를 들은 사람들은 양복 입은 그 남자가 누구였는지 모두 확신했다.

하나님의 음성을 듣는 법

이 과정을 통해 나는 매우 중요한 영적 원리를 깨달았다. 우리가 흔히 말하는 '하나님의 음성을 듣는 법'에 대한 것이다. 물론 하나님은 지금도 우리에게 말씀하신다. 기도 중에 마음의 음성과 확신으로, 때로는 초자연적 육성으로도, 그리고 말씀을 묵상하다가 강력한 깨달음과 확신으로, 그리고 믿음의 사람들과의 대화 가운데, 예배 가운데 올려드리는 찬양과 선포되는 말씀을 통해, 그밖에 여러 방법을 통해 우리는 주님의 음성을 듣는다. 그러나 주님의 음성을 듣는 방법보다 더 근본적이고 중요한 것이 있다. 그것은 주님의 음성을 듣고자 하는 우리의 태도다.

수화기에서 흘러나오는 짧은 한마디가 아내의 목소리인지 처제의 목소리인지 분별하기 위해 간절함으로 온 마음과 생각을 집중했던 것처럼 사실 이런 갈급함과 집중하는 태도가 주님의 음성을 분별하며 주님의 음성을 들을 수 있도록 한다. 주님의 음성을 들을 수 있는 것은 방법의 문제가 아니라 태도의 문제다. 왜냐하면 성경이 그렇게 말하고 있기 때문이다.

> 나를 간절히 찾는 자가 나를 만날 것이니라
>
> 잠언 8:17

> 사슴이 시냇물을 찾기에 갈급함 같이
> 내 영혼이 주를 찾기에 갈급하니이다
>
> 시편 42:1

둘 다 갈급함과 간절함에 대한 표현들이다. 이런 태도를 가진 사람들이 주님을 만나며 주님의 음성을 듣는 것이다. 흥미로운 것은 우리가 주님의 음성을 듣겠다고 하면서도 한편으로 불안한 마음을 떨쳐버리지 못한다는 것이다. '만약 잘못 들으면 어떡하지' 하는 염려 때문이다.

그런데 사실 이것도 염려할 것이 아니다. 왜냐하면 우리 마음의 중심을 보시는 하나님은 우리의 잘못된 방법이나 실수를 책망하시는 분이 아니라 그분을 간절히 목말라하며 그분의 음성을 듣고 그분의 뜻을 알고자 하는 우리의 태도를 기뻐하시는 분이기 때문이다. 그분은 누구보다도 우리를 잘 아신다. 그렇기 때문에 우리가 이해할 수 있도록, 한 사람 한 사람에게 여러 경로를 통해 분명히 말씀하시는 분임을 나는 믿는다.

알아듣도록 말씀하시는 하나님

물론 그 음성과 구체적인 인도하심은 주님이 이미 우리에게 주신 성경적 진리를 거스르지 않는다. 한번은 사역을 위해 진지하게 기도하던 때였다. 교회 안을 돌아보니 많은 사역자가 있지만 정작 학생들이 많은 캠퍼스에는 사역자들이 터무니없이 부족한 것을 보게 되었다. 그때 나는 하나님께 거의 매달리다시피 캠퍼스로 보내달라고 기도했다.

새벽마다 떼를 쓰듯 기도하던 어느 날이었다. 주님으로부터 너무 분명한 음성을 듣게 되었다. 솔직히 말해서 내적인 감동, 마음의 음성 뭐 이런 수준이 아니었다. 너무나 분명했고 마치 벼락이 치듯 나를 때리듯 울리는 음성으로 왔다. 그런데 그 음성이 아주 신비한 것이었다. 내 수준으로는 도저히 이해하기 힘들었다. 그것도 영어로….

"Shut up and stay!" (입 닥치고 가만히 있어!)

나는 너무 당혹스러워서 기도하다 말고 눈을 번쩍 뜨고 주위를 둘러봤다. 이것은 기도 응답이 아니라 거의 욕하는 수준이었다. 너무 혼란스러워 '아니, 하나님도 욕을 하시나…' 이렇게 중얼거리며 그 와중에 또 또박또박 말대답 하듯이 물었다.

"얼마나 있어야 되나요?"

그때는 음성이라기보다 마음 가운데 확신으로 '3년'이라는 감동이 있었다. 그날은 그렇게 기도하던 자리를 물러나왔다. 그러나 궁금증과 답답함 때문에 더는 기다리지 못하고 당시 영성에 대해 가르쳐주시던 교수님께 개인적으로 묻게 되었다.

"저기 교수님, 하나님도 욕을 하십니까?"

교수님은 빙긋이 웃으며 말씀하셨다.

"무슨 말이야? 앞뒤 설명을 해야지, 그렇게 대뜸 물으면 어떻게 알아들어?"

내가 자초지종을 말하니 그 분 왈, "하하하. 그래, 하나님은 우리가 알아듣도록 말씀하셔"라고 하셨다. 아무리 말해줘도 내가 빡빡 우기고 새벽마다 부르짖어대니 결국은 내가 알아들을 수 있도록 말씀하신 것이다. 그것도 아주 강력하게…. 주님은 지금도 듣고자 하는 자들에게, 인도하심을 구하는 자들에게, 주님의 뜻을 좇고자 하는 자들에게 분명히 알아들을 수 있도록 말씀하신다.

그런데 하나님께 기도하던 중에 감동 받고 순종했다는 일들이 실상은 하나님께 영광이 되지 않고 전혀 덕이 되지 않을 때가 종종 있다. 왜냐하면 그런 감동과 확신을 받는 우리 자신이 불완전한 존재이기 때문이다. 그러므로 모든 음성과 인도하심은 성경의 말씀을 통해서 확증을 받고 다른 신뢰할 수 있는 믿음의 사람들에게 확인을 받아야 한다. 그래야만 실수를 피할 수 있다. 믿음이 없어서가 아니라 우리 자신의 불완전한 연약함 때문이며 이것이 성경적 원리이기 때문이다.

또 지금은 하나님께서 한 선지자에게만 말씀하시는 시대가 아니라 몸인 교회에게 말씀하시는 시대다. 요한계시록 2장 7절부터 3장 22절까지 총 7번 "귀 있는 자는 성령이 교회들에게 하시는 말씀을 들을지어다"라고 말씀하신다. 신뢰할 수 있는 믿음의 동역자들과 함께 들을 때 우리는 실수를 피할 수 있다.

나는 너를 원한다

준비된 사람들

당시 내가 섬기던 교회는 미주에서 활발하게 일어나던 코스타KOSTA 집회를 섬기고 있었고, 나도 자연스럽게 집회에 참석하게 되었다. 초년생 전도사가 수많은 사람들이 모인 자리에서, 그야말로 대가大家들이 선포하는 하나님의 말씀을 듣다보니 수많은 생각이 뇌리를 스치고 지나갔다. 은혜도 받았고 도전도 받았지만 동시에 내 안에서 꿈틀거리는 소원이 일어났다.

'아, 나는 언제쯤 저런 자리에 서서 말씀을 선포해볼까!'

많은 사람들이 따르고 우러러보아서가 아니다. 무엇보다 하나님의 메신저로 놀랍게 쓰임 받고자 하는 마음의 소원이 강렬했다. 동일하게 이런 마음의 소원을 가진 청년들이나 사역자들이 많을 것이다. 아직까지 내 안에도 이런 소원들이 남아 있을 수 있다. 그동안 나도 여러 집회에서 말씀을 나누고 다양한 경험도 해보았는데 내 결론은 간단하다. 막연하게 소원만 가지거나 동경만 하지 말고 "준비하라"는 것이다.

물론 준비한다고 해서 다 놀랍게 쓰임 받는 것은 아니지만 그래도 한 가지 분명한 것이 있다. 놀랍게 쓰임 받은 하나님의 사람들은 대부분 '준비된 사람들'이었다는 것이다. 그리고 그 준비 과정에서 가장 치열하게 싸워야 하는 훈련은 여전히 '내려놓음'이다. 그것이 하나님의 주권에 대한 전적인 순복이기 때문이다.

조심스럽지만 지금 돌아보면 나 역시 놀랍게 쓰임 받은 시간보다 그렇게 준비되는 과정 가운데 개인적인 친밀함 속에서 만난 주님의 은혜가 더 크고 놀라웠음을 고백할 수 있다.

한 가지 이 준비 과정에서 나누고 싶은 것은 누군가를 따라하려고 하지 말고 할 수만 있다면 '말씀과 기도' 앞에서 스스로 하나님과 씨름하는 시간을 더 가지라는 것이다.

미국의 존경받는 목회자 한 분이 많은 신학생들에게 존 파이퍼 목사님 설교 흉내내지 말고 존 파이퍼 목사님이 그렇게 설교할 수 있기까지 하나님의 말씀 앞에서 씨름하는 것을 배우라고 말씀하신 것이 기억난다.

나를 드립니다

은혜로운 집회가 한참 진행되는 가운데 한 강사님이 하나님께 대한 전적인 헌신을 강하게 도전하셨다. 그때 나는 속 편히 '그래. 헌신해라. 헌신해야지!' 그러고 있는데 주님이 "너도!" 하시는 것이었다. 나는 약간의 당혹감과 함께 짜증 섞인 목소리로 대뜸 이렇게 말했다.

"했잖아요. 다 했잖아요. 백만장자 되는 것도 포기하고 헌신해서 그나마 남아 있던 것까지 다 가져가서서 이제 아무것도 없어요. 책하고 옷 빼고는. 지금 겨우 친구 방에 얹혀살고 있잖아요."

쉽게 말해서 "제가 얼마나 헌신했는지 다 아시면서 뭘 더 헌신하라고 하시는 거예요?"라고 한 셈이다.

그런데 주님의 음성이 매우 단호했다.

"나는 너에게 있는 무엇을 요구한 게 아니다. 너의 손에 있는 뭘 달라는 것도 아니다. 나는 너를 원한다."

나는 마치 큰 망치로 얻어맞은 것처럼 머릿속이 멍해지며 왈칵 눈물이 쏟아졌다. 그리고 그때 깨달았다. 주님은 내게 있는 무엇을 받기 원하시는 분이 아니라 '나'를 원하시는 분이라는 사실을 말이다. 일전에 주님을 나의 구주와 주인으로 온전히 받아들이는 '올인'을 했다면, 이제는 그분의 부르심 앞에 내가 가진 무언가를 드리는 헌신이 아닌 나 자신을 '올인' 하는 헌신의 시간이었다.

"주님, 저 여기 있습니다. 저는 주님의 것입니다."

우리가 하나님을 오해하는 것 중에 이런 것이 있다. 주님은 마치 우리가 뭘 좀 가지고 있는 꼴을 못 보시고, 강요하듯 무언가를 끊임 없이 요구하는 분으로 여긴다는 것이다. 그러나 실상 주님이 우리에게 원하시는 것은 우리의 무언가가 아니라 우리 자신이다. 주님은 우리의 주인이기를 원하신다. 이전에 내가 주인 되어 내가 원하는 삶을 살던 우리에게 주님은 말씀하신다.

"회개하라!"

회개의 원뜻은 "죄송합니다, 미안합니다"가 아니다. 회개의 의미는 "돌아서다"이다. 내가 주인 된 삶에서 돌아서서 이제는 주님이 주인 된 삶을 사는 것이다. 주님이 우리에게 무엇인가 구체적으로 요구하고 명령하실 때는 우리가 가지고 있는 것을 요구하시는 것이 아니라 주님이 우리 삶의 주인이심을 우리에게 상기시키는 시간이며, 매 순간 우리가 그것을 잊지 않고 흔들리지 않도록 확인시키시는 시간이다.

예수님이 나의 주인

하지만 기억하라! 우리의 모든 것을 요구하시는 주님은 우리에게 그런 요청을 하시기 이전에 주님 자신이 먼저 십자가에서 우리를 위해 모든 것을 내어주신 분이다. 따라서 주님은 나에게 나의 모든 것

그리고 나 자신을 요청하실 수 있는 주인이심을 믿는다. 그분이 먼저 우리를 위해(우리가 아직 죄인으로 그분과 원수 되어 있을 때에) 자신을 내어주셨고 우리를 먼저 사랑으로 섬겨주셨다. 그리고 우리에게 말씀하신다.

"나를 네 삶의 주인으로 초청해주지 않을래?"

예수님을 삶의 구주와 주인으로 영접하는 것을 가리켜 우리는 "거듭나다" 또는 "구원받다"라고 말한다. 예수님이 나의 구주시라는 것은 나를 죄와 사망에서 구원해주신 구세주라는 의미이며, 예수님이 나의 주인이시라는 것은 말 그대로 내 삶을 소유하신 소유주라는 뜻이다. 그래서 영적으로 "다시 태어나다" 또는 "거듭나다"라고 말하는 것이다. 왜냐하면 영적으로 다시 태어난 사람은 소유주가 바뀐다. 더 이상 내가 나의 주인이 아니라 예수님이 주인이시다.

이제 우리는 목자 되신 그분의 음성을 듣고 그 음성만을 좇아 사는 그분의 양이 된다. 감사하게도 우리의 목자 되시는 주님은 '선한 목자'이시다. 우리를 위해 목숨을 내어주신 목자이시므로 그분이 우리를 가장 좋은 길로 인도해주실 것을 의심하지 않아도 된다.

그런데 선한 목자가 되신 주님이 가장 좋은 길로 우리를 인도하시기 위해 인격적으로 우리의 이름을 부르시는데, 우리가 못 들은 척하거나 또는 "싫어요"라고 하면 그분을 나의 주인으로 영접한 영적 계약을 스스로 파기하는 것이 된다.

우리는 가끔 이렇게 오락가락한다. 그래도 그분은 선하시고 신실하시다. 그래서 계약 파기 대신 그분의 지팡이와 막대기로 우리를 인도하시고 아주 가끔은 따뜻하게(?) 터치해주신다. 이 터치는 우리에게 계약을 상기시킨다. 누가 나의 주인이신지를 기억하도록 한다. 주님의 '따뜻한 터치'를 원하는가?

ALL IN

PART 3

사명

09

단순한 시작

은혜 받을 만한 준비

개인적으로 깊은 광야의 시간을 걷고 있는 가운데 우연한 기회에 모교인 메릴랜드 대학교의 KCM(Korean Campus Ministry, 한국인 캠퍼스 사역) 모임에 초청을 받아 말씀을 나누는 시간을 가졌다.

주님의 은혜로 많은 학생들이 도전을 받은 것 같았다. 심지어 모임 이후 몇몇 학생들이 찾아와 자신들도 선교를 나가고 싶은데 혹시 훈련을 해줄 수 있는지 물었다. 나는 선뜻 "그래. 모여봐. 내가 해줄게"라고 대답했고 몇 주 후에 정말 12명의 학생들이 훈련을 해달라고 나를 찾아왔다. 훈련받고자 하는 학생들은 하나같이 캠퍼스 모임의 임원이자 교회의 리더십들이었다.

그런데 문제는 내가 누구를 체계적으로 훈련해본 경험이 없다는 것이다. 일본에서 한국 유학생들과 일본 학생들에게 제자훈련을 한 것은 당시 교회에서 사용하던 '새생명의 삶', '새가족의 삶'이라는 성경공부 기초반 교재를 가지고 제자훈련 흉내를 낸 것일 뿐, 그 외에 훈련이라고는 나도 전무한 상태였다. 얼떨결에 모여서 훈련을 하기로 결정했지만 그것은 성령의 강력한 이끄심 때문이 아니었다. '에라, 모르겠다. 무식하게 그냥 말씀 나누고 함께 기도하고 함께 예배하면 되겠지' 하는 마음으로 무작정 시작된 것이다.

첫 모임에 학생들이 자발적으로 찬양하며 예배로 시작해도 되겠는지 물길래 나는 당연히 된다고 했다. 나는 음악과는 워낙 거리가 먼 사람으로 사실 찬양이 가장 부담이었는데, 스스로 자연스럽게 찬양하며 은혜를 받고 분위기가 무르익자 기도도 하게 되었다. 나역시 자연스럽게 그것을 이어받아 구체적인 기도 제목들을 나누고 함께 기도하며 도전했다.

솔직히 고백하면 말씀을 선포하고 나눌 때쯤에는 누가 와서 어떤 말씀을 나누든지 학생들은 이미 은혜 받을 준비가 되어 있었다. 지금 생각해보면 하나님께서 거저 은혜를 주신 것이다. 말씀을 나누고, 그 말씀을 가지고 다시 기도하고, 그리고 다시 찬양하고, 그렇게 두세 시간이 훌쩍 지나갔다.

이후 15년이 넘게 사람들을 훈련하면서 조심스럽게 내린 결론이 있다. 훈련은 잘 짜여진 커리큘럼이나 프로그램의 문제가 아니라 훈련자들의 자세와 훈련의 과정에서 성령 하나님이 진리의 말씀과 강력한 은혜로 역사하시느냐의 문제라는 것이다.

말씀과 기도 훈련

모임 후 놀라운 이야기가 들려왔다. 다들 선포된 말씀이 자신에게 주신 말씀이라는 것이었다. 사실 아닌데…. 나는 그냥 한 주간 묵상한 말씀 중에 내가 가장 은혜 받은 말씀을 좀 더 심화해서 같이 나누었을 뿐 다들 각자 알아서 자신에게 주신 말씀으로 취한 것이다. 그때 깨달았다.

"아, 내가 삶 가운데 씨름하며 주님께 받은 말씀은 누구에게나 동일하게 역사하는구나!"

나는 말씀이 스스로 선포하신다는 확신을 갖게 되었다. 그렇게 시작한 선교 훈련 후 처음으로 학생들이 일본으로 단기 선교를 가게 되었다. 일본 선교 이후에는 자칭 'MJ'(Mission Japan)라 부르며 모임 가운데 서로 간증하는 시간을 가졌고 또다시 모여서 훈련받기를 원했다.

그런 모임이 처음 메릴랜드 대학으로부터 근처 메릴랜드 지역에 있는 마이카, 존스 홉킨스, 벌트모어 메릴랜드 대학, 몽고메리 칼리지, 피바디 대학, 이후 버지니아에 있는 조지 워싱턴, 아메리칸 대학 등 여러 곳으로 확장되며 매해 수십 명의 학생들이 10개월에 걸친 훈련을 받고 여름에, 이후에는 겨울에도 단기 선교를 나가게 된 것이다.

놀라운 것은 처음 몇 년은 모집이나 광고도 하지 않았는데 학생들 스스로 알리며 새로운 학생들을 데려온 것이다. 예나 지금이나 행정력이 꽝인 나는 구체적인 계획이나 생각 자체가 아예 없었다. 그러니까 하나님께서 학생들의 마음을 움직이셔서 친히 이 일을 행하신 것이다. 물론 좀 더 조직적이고 체계적이었다면 이 사역이 더 발전하고 성장하지 않았을까 하는 아쉬움은 있지만 안타깝게도 나는 그런 것을 전혀 몰랐고 그냥 단순하고 무식하게 시작했을 뿐이다.

그래서 초창기 훈련이란 말씀과 기도, 예배와 캠퍼스 전도가 다였다. 자신이 있는 캠퍼스에서 전도해보지 않았는데 어떻게 다른 나라에 가서 전도할 수 있겠느냐는 것이 취지였다. 안타깝게도 학생들은 교회 안에서 그리고 캠퍼스 내에서 섬기는 직분으로 전적인 헌신을 하기도 하였지만, 실상 전도를 해본 경험이 거의 없었다.

또 가장 기본적인 말씀 묵상과 정규적으로 기도의 시간을 갖는 것을 힘들어했다. 그리스도인으로서 가장 기본인데도 그 기본을 놓치고 마르다처럼 습관적으로 일만 하기 쉬운 모습이었던 것이다. 물론 그런 섬김도 중요하다. 그러나 우리의 섬김은 받은 은혜에 대한 고백이어야 하며, 모든 섬김에서 가장 중요한 핵심은 잃어버린 영혼을 주님께 인도하는 것이어야 한다고 믿는다.

부르짖는 기도를 회복하라

많은 어려움이 있었지만 학생들은 성실하게 따라주었다. 초창기 기도 훈련을 통해 전혀 낯선 기도의 모습과 방식으로 힘들어 하던 2세들도 나중에는 무릎을 꿇고 "주여"라고 크게 외치며 기도하게 되었다. 물론 전부 다 꼭 그렇게 해야 한다는 것은 아니다. 그러나 나는 이 정신과 태도만큼은 그들에게 꼭 심어주고 싶었다. 이것이 한국 스타일이어서가 아니라 성경의 가르침이라고 믿기 때문이다!

구약의 이스라엘 공동체가 야훼 하나님 앞에 나아와 기도할 때 "cry out"(부르짖으라)이라는 표현이 500번 이상 나온다. 상대적으로 조용히 잠잠히 하는 기도의 가르침은 사실 거의 전무하다. 시편만 보더라도 시편 기자 어느 누구도 하나님 앞에 조용히 기도하며 침묵하라고 하지 않았다. 간혹 있다 해도 비교할 수 없을 만큼 적다.

그런데도 우리는 어느덧 부르짖는 기도가 한국적 기질이나 문화적 배경에 기인하는 것으로 여기게 되었고, 또 언제부터인가 우리 생각에 좀 더 인격적이고 친밀하고 좀 더 성숙한 서양, 특별히 미국에서 온 신앙의 모습을 추구하기 시작했다. 문제는 이런 흐름이 한국 교회 내에 성숙함이나 친밀함과 같은 깊이 있는 신앙을 가져왔느냐 하는 것이다. 그런데 내가 보기에는 득보다 실이 훨씬 많다.

물론 친밀하고 성숙한 신앙이 필요 없다는 말이 결코 아니다. 그러나 주님의 말씀처럼 "그러나 이것도 행하고 저것도 버리지 말아야"

할 것이다. 그래서 나는 개인적으로 하나님과의 친밀함을 위한 깊은 침묵이나 잠잠한 시간을 갖기 이전에 먼저 하나님께 나아가는 데 방해가 되는 모든 장애물들을 제거하고 그분의 임재 가운데로 깊이 들어가기 위한 영적인 돌파를 하기를 권한다. 쉽게 말해서 하나님께 깊이 나아가 그분의 임재 안에 들어가지도 못하면서 친밀함이니 침묵이니 해봐야 실제적으로 이것도 저것도 되지 않는다는 것이다.

때때로 개인적으로는 친밀함을 추구하며 주님께 깊이 나아가는 시간을 가질 수 있다. 하지만 공동체가 함께 모여 하나님께 기도할 때는 말씀을 근거로 함께 부르짖으며 나아가는 것이 성경적이다. 상상해보라. 공동체가 거룩한 성회로 함께 모여 조용히 잠잠한 가운데 친밀함을 추구한다고 하는 모습을 말이다. 예상컨대 태반이 너무 깊은 임재(?) 가운데로 들어가 자신이 지금 몸 안에 있는지 몸 밖에 있는지도 모를 정도로 입신入神하는 분들이 있을 것이다. 이스라엘도 회중이 함께 모여 엎드리고 잠잠하던 때가 있었다. 바로 회중 가운데 하나님의 강력한 임재와 영광이 나타날 때이다. 그런데 하나님의 임재와 영광이 있기도 전에 잠잠하다면 우리는 이미 다른 임재로 들어간 것이다.

나도 개인적으로 인격적이고 고상하고 성숙한 모습의 신앙을 좋아한다. 문제는 그런 신앙이 역사하면 좋은데 그렇지 않더라는 것이다. 그런 고상함과 성숙함이란 반드시 영적인 돌파와 강력한 기도의 힘을 통과해야 한다. 그렇지 않으면 피상적인 신앙, 흉내 내기에 멈추고 만다. 강력한 기도 후 그다음으로 친밀함과 성숙함도 따라온다. 한 번도 주님의 이름을 간절히 목놓아 불러보지도 못했으면서, 그토록 간절히 주님을 찾지도 못하면서 과연 주님과의 친밀함이 가능할까? 미안하지만 다른 임재로 들어갈 공산이 크다.

10

사역자의 자세

하나님의 공급하심

훈련과 선교 사역은 어느덧 구체적인 모양새를 갖추어 2004년에 나는 목사 안수를 받으면서 섬기던 교회를 사임하고 지금의 'Chosen Generation'이라는 선교 단체를 만들고 본격적으로 선교 사역에 헌신하게 되었다.

당시 이 사역을 시작하게 된 나의 동기는 매우 단순했다. 교회에는 사역자가 많다. 그러나 정작 캠퍼스에는 사역자가 적다. 교회 사역에는 많은 일꾼들이 있는데 선교를 위해 섬기는 사람들은 너무 적다는 것이었다. 그 당시 나는 다른 많은 선교 단체나 모임들의 존재에 대해 거의 모르는 상태였다. 물론 그 후에 많이 있다는 사실을 알게 되었다. 이런 한심한!

학생 12명과 지금은 아프리카 선교사로 섬기고 있는 친구 전상훈 목사, 이렇게 우리는 우리 집에 모여서 CG선교회 발족식을 가졌다. 솔직히 주먹구구식으로 "이제부터 우리는 선교한다"라고 모임의 시작을 알린 것이다.

그때 나는 교회를 사임했기 때문에 하나님의 공급하심만을 온전히 의지하며 살아야 했다. 하나님은 그런 나를 위해 이미 모든 것을 준비하셨다. 캠퍼스로 보내달라고 떼를 쓰던 내게 가만히 있으라고 말씀하셨던 하나님께서 내게 교회 장년 성경공부반을 섬기도록 인도해주신 것이다.

당시 워싱턴 지구촌교회에는 많은 부목사님들이 계셨고 돌아가며 새벽예배를 인도하셨다. 그러니 나 같은 초년생 전도사들에게 말씀을 전할 기회는 거의 돌아오지 않았다. 그러나 열심이 특심이던 내가 조금은 티를 내고 다녔는지, 부목사님 중에 새벽예배를 인도하기 어려운 상황이 될 때면 가끔씩 내게 대신 섬겨달라고 하는 요청이 있었다. 그럴 때 열정의 불이 타오르는 젊은 전도사로서 나는 말씀을 갈고 닦아 새벽 미명에 예배당이 떠나갈 듯이 하나님의 말씀을 선포했다.

그때 은혜 받은 분들이 내게 장년 성경공부반을 하나 맡아주면 좋겠다고 요청하여 주일 아침 장년 성경공부반까지 섬기게 되었다. 그렇게 시작된 성경공부반이 이후 60여 명이 모이는 성경공부반으로 성장했다. 나중에 교회를 사임하고 나서도 목사님의 배려로 교회 내에서 개인 후원 모금을 할 수 있었는데, 그때 동참해주신 분들이 거의 대부분 이 성경공부에 참여한 분들이었다. 만약 이런 준비 없이 무작정 시작했더라면 많은 어려움을 겪었으리라는 생각이 들며 주님의 인도하심과 김만풍 목사님의 이해와 배려에 감사할 따름이다.

숨은 동기 점검

본격적으로 사역을 시작하기 전에 나 자신부터 좀 더 준비되어야겠다는 부담을 가지고 있을 때 한 선교 단체에서 훈련받을 기회가 있었다. 기대했던 것과 달리 훈련 과정의 실제적인 내용보다는 체계적이고 조직적으로 단체를 운영하는 모습에 깊은 인상을 받았다.

이때 나는 이 과정을 통해 주님으로부터 정말 중요한 지적을 한가지 받게 되었는데, 그것은 CG선교회를 함께 섬기기로 헌신한 청년 대학생들을 대하는 나의 모습과 동기가 바르지 못하다는 것이었다. 그들은 아직까지 훈련을 통해 자라야 하는 단계에 있었는데 나는 그들을 사역에 동참시킨다는 명분으로, 단체를 좀 더 그럴싸하게 세우기 위해 이용하고자 하는 마음이 더 강한 것이었다.

지금 와서 종이 한 장 차이 같은 이 미묘한 차이점을 설명하려다 보니, 그 당시 내가 함께 헌신한 청년들과 마음을 나누는 일에 얼마나 미숙했는지 다시 한번 돌아보게 된다. 모두 다 귀하고 아름다운 형제자매들이었는데, 그때 나는 너무 미숙하고 급하게 표현하는 연약함마저 가지고 있었다. 그래서 아마 많은 지체들의 오해를 샀을지도 모른다.

더 많은 시간이 흐르고 나서 나는 리더에게 있어야 할 정말 중요한 두 가지가 무엇인지 깨달았다. 리더에게는 주님으로부터 받는 디렉션direction이 중요하다. 리더는 리드lead 하는 사람이다. 따라서 자신에게 맡겨진 공동체를 이끌어가기 위해 인도하고자 하는 명확한 방향을 주님으로부터 반드시 받아야만 한다. 이런 디렉션을 비전 또는 사명이라고 봐도 무난하리라 믿는다.

또한 이 비전은 많은 경우 리더가 주님 앞에 홀로 몸부림치며 받아야 한다. 리더는 받은 비전과 구체적인 인도하심을 함께하는 리더십들과 계속해서 나누어서 그들도 이해하고 동일한 확신을 가질 수 있도록 해주어야 한다.

사실 이 두 가지의 핵심은 모두 커뮤니케이션communication이다. 그래서 나는 영적인 리더에게 무엇보다 중요한 것은 하나님과의 커뮤니케이션, 그리고 함께 섬기는 리더십, 따르는 공동체와의 커뮤니케이션이라고 믿는다. 그리고 그것을 공동체가 이해하고 소화하도록 보듬고 격려하고 기다리고 인내하는 성숙한 성품이라고 믿는다.

사람 의지하지 마라

결국 나의 미성숙함으로 12명의 학생 중 8명이 선교회를 떠나게 되었다. 나는 온몸에 힘이 쭉 빠졌지만 늘 하던 대로 기도의 자리로 나아가 주님께 기도했다.

"주님, 12명 중에 8명이 떠났습니다. 어떻게 해야 합니까?"

물론 명백히 나의 부족함 때문이었음에도 불구하고 그 가운데 분명히 깨닫게 하신 주님의 음성이 있었다.

"사람을 의지하지 마라."

주님은 나의 이런 연약함을 통해서도 매우 중요한 교훈을 주셨다. 사람이 아니라 주님만을 절대적으로 의지하라는 것이다. 이 훈련은 이후로 계속되었다. 우리 가정을 후원해주기로 했던 서른네 가정 중 1년 만에 절반이 떨어져 나가고 2년이 되니 열 가정도 남지 않게 되었다. 그때도 나는 다시 주님 앞에 나아가 씨름했다.

"주님, 어떻게 해야 합니까? 후원 없이 무엇으로 먹고삽니까?"

주님의 대답 또한 명확했다.

"네가 먹고살래? 내가 먹여줄까?"

다시 말하지만 우리 주님이 무뚝뚝하고 비인격적이고 냉혹하신 분이어서 이렇게 말씀하시는 것이 아니다. 나라는 사람이 주님이 이렇게 단호히 말씀해주셔야만 알아듣는 자이기 때문이다. 어떤 분에게는 자상하고 매우 부드럽게 말씀하실 것이라고 나는 믿는다.

그때 나도 주님 앞에 이렇게 고백하고 선포했다.

"주님, 먼저 그의 나라와 그의 의를 구하면 이 모든 것을 너희에게 더하여주신다는 이 말씀을 저는 그대로 믿겠습니다. 저는 주님의 일을 하겠습니다. 주님은 저의 가정을 먹여살려주십시오. 주님이 안 먹여주시면 저는 그다음 날로 망치 들고 나가서 일할 겁니다. 그리고 간증하러 다닐 겁니다. 먼저 그의 나라와 그의 의를 구했는데 아니더라, 안 먹여주시더라고요!"

지금 생각해보니 고백이 아니라 거의 협박이었다. 그러나 나와 다른 주님은 주님의 은혜로 이런 나의 미숙함 또한 덮어주셨던 것 같다. 그럼 그 후에는 정말 주님이 다 해주셨을까? 아니다. 믿음의 고백과 선포 이후 주님은 반드시 확인을 하도록 해주신다. 즉 나의 믿음이 실제가 되는 과정을 통해 말씀을 내 심령 깊은 곳에 인 치시는 작업을 하신다.

하나님이 채우신다

어느 날 사역을 마치고 집에 돌아왔는데 아내가 식탁에 체크check를 들고 앉아 있었다. 눈에 눈물이 가득했다. 첫째 아이가 이제 막 태어나 돈 나갈 곳은 많은데 은행 잔고가 거의 바닥이었다. 그때도 나는 새벽에 나가 밤늦게까지 메릴랜드, 버지니아 그리고 뉴욕까지 오가며 사역하고 있었다. 당연히 집안 살림이나 먹고사는 문제는 믿음으로 대책 없이 아내에게 맡겼다. 가뭄에 콩 나듯 후원금을 주면서 말이다.

미안한 마음으로 아내 앞에 앉은 다음 나는 아내에게 말했다.

"여보, 지금 우리에게 부족한 것은 잠시 내려놓고 주님이 이미 우리에게 주신 것을 함께 고백하며 선포합시다. 당신이 하면 내가 '아멘' 하고 내가 하면 당신이 '아멘' 하세요!"

그때 우리 두 사람은 잠시 다 내려놓고 함께 선포하며 기도했다. 그런데 그 기도와 믿음의 선포 가운데 주님이 정말 우리 가정에 부어주신 은혜가 얼마나 많은지 새롭게 깨달았다. 그리고 다음날 한 번도 그런 적이 없는데 이상하게 우체통을 열어보고 싶더니 그 우체통 안에서 하얀 봉투를 발견했다. 그 안에 600불의 현찰이 들어 있었다. 한국도 그렇겠지만 미국은 절대 현찰을 우편으로 보내지 않는다. 그렇게 해서 그 달 우리 가정의 필요는 모두 채워졌다.

그 후에도 이런 일들이 너무나 많았다. 식당에서 웨이트리스 하시는 분이 1년간 모은 자신의 팁을 갑자기 건네주며 "목사님! 힘내세요" 하고 사라지기도 했고, 세탁소에서 하루 10시간씩 땀을 흘리며 셔츠를 수백 장이나 다리시는 분이 모아둔 돈을 건네며 눈물을 흘리시기도 했다.

물론 재력이 있는 귀한 분들의 도움의 손길도 받았다. 2004년부터 지금까지 우리 가정을 후원해주시는 분이 한 분 계신데, 그 분은 메릴랜드에서 큰 사업을 하시는 김 집사님으로 전도폭발 사역에 헌신하신 분이다. 일흔이 넘으셨는데도 열심히 사역하고 또 열심히 사업도 하시며 우리 가정과 CG 사역을 지금까지 후원해주고 계신다.

그러나 지금까지 나와 우리 가정을 섬겨주신 대다수의 분들은 내가 도움을 받기에 미안한 분들이 꽤 많았다. 오히려 당연히 도와줄 것 같던 분들 중에 더러는 도움의 손길을 거부하신 분들도 있다. 물론 내가 알지 못하는 그럴 만한 이유가 있으리라 믿는다.

결국 주님이 역사하신다. 우리가 정말 말씀을 그대로 믿고 순종하면 어느 정도의 연단과 확인의 시간은 있지만 그분은 반드시 신실하게 역사하신다. 지금도 우리 가정은 모든 필요를 하나님께 의존하고 있다. 물론 사랑하는 동역자들이 아름다운 손길로 섬겨준다. 하지만 실상 나의 모든 필요는 비정규적으로, 여기저기서 다양한 방법으로 하나님께서 채워주신다. 불안하지 않느냐고? 천만에.

"I am so excited!"

먹고사는 문제 극복

나에게는 재정의 원칙이 있다. 내가 필요할 때 사용하지만 당장 필요로 하지 않는 재정이 내게 들어온다면 그때는 기도 후 흘려 보내는 것이다. 나중에 없을 때를 대비해서 모아두거나 갖고 있으려는 모든 유혹과 지금도 싸운다. 사실 이것은 지혜롭게 미래를 대비하는 것이 아니라 불신앙일 때가 많기 때문이다. 이 태도는 "만약 하나님이 채워주지 않으신다면…"이라는 불신앙을 가져온다. 우리가 믿고 의지하는 우리의 하늘 아버지 하나님은 신실하시다. 어제나 오늘이나 내일도, 그분은 이전에도 채워주셨고 지금도 채워주시고 앞으로도 그렇게 채워주실 것이다.

어떤 분이 성경공부 시간에 이렇게 질문한 적이 있었다.

"목사님, 은퇴 준비를 하는 것이 불신앙인가요?"

조심스럽지만 나는 분명하게 대답했다.

"아니요. 반드시 그렇지는 않습니다. 하나님이 주신 지혜로 자신의 미래를 준비할 수 있을 것입니다. 그러나 준비된 것에 마음이 빼앗겨 더 이상 하나님을 의지하지 않는다면 '네', 불신앙이 될 공산이 큽니다. 마찬가지로 미래를 하나님께 맡긴다고 하면서 무책임하게 지금 낭비하거나 게으르게 산다면 그것도 불신앙입니다."

사역에 동참하기 원하는 청년들이 있는가? 또는 사역에 동참하고 있지만 재정적인 어려움으로 힘들어 하는 분들이 있는가? 그렇다면 이렇게 권면하고 싶다. 먹고사는 문제는 하나님과 사생결단을 내야 한다. 이 문제를 극복하지 못하면 사역자는 늘 사람의 눈치를 보고 필요에 질질 끌려다니게 된다. 무엇보다 재정적인 필요 때문에 특정 사람에게 의존해서는 안 된다. 하나님께서 설령 지금 그 분들을 통해 나와 우리 가정의 필요를 채워주신다고 해도 우리의 필요를 채우시는 분은 하나님이시라는 것을 놓쳐서는 안 된다.

　주님의 뜻을 행하며 주님을 온전히 신뢰하면 우리 주님은 일꾼의 모든 필요를 공급해주신다. 물론 엘리야처럼 많고 많은 사람 중에 왜 하필 사렙다 과부로부터 공급을 받게 하시는지, 미안해서 그리고 싶지 않은 마음이 들 때도 있다. 하지만 주님은 반드시 주님의 종의 필요를 공급하신다.

　그러므로 염려하여 이르기를

　무엇을 먹을까 무엇을 마실까 무엇을 입을까 하지 말라

　이는 다 이방인들이 구하는 것이라

　너희 하늘 아버지께서 이 모든 것이

　너희에게 있어야 할 줄을 아시느니라

　그런즉 너희는 먼저 그의 나라와 그의 의를 구하라

　그리하면 이 모든 것을 너희에게 더하시리라

　마태복음 6:31-33

11

지금 준비하라

오늘 쓰임 받으려면!

사역이 진행되면서 내 안에 훈련의 내용이 좀 더 구체적이고 전문화되어야 한다는 부담이 일어났다. 동원을 통해 청년들이 모이면 예배하고 기도하고 말씀을 나누고 캠퍼스에서 전도한다. 그런데 이것을 계속 반복하다보니 오래된 청년들은 다음 단계를 위한 새로운 도전과 가르침이 필요하다고 느꼈다. 물론 다른 몇몇 단체에서 훈련도 받고 습득한 여러 지식도 있었지만 충분하지 않았다.

그때부터 나는 시간과 주제를 정한 다음 깊이 파들어 가기 시작했다. 어느 강사의 말이, 어떤 분야의 책을 5권 읽으면 대략 그 주제에 대해 의견을 나눌 수 있고, 10권 읽으면 비전문가가 되고, 20권 정도 읽고 잘 정리하면 전문가 수준이 될 수 있다고 했다. 그때부터 나는 영성, 기도, 리더십, 묵상, 선교 역사, 하나님의 나라, 제자훈련, 중보기도, 영적 전쟁, 예배, 전도 그리고 성경을 개론적으로 공부하는 준비 등 감동되는 순서를 좇아 무식하게 파기 시작했다. 내 기억으로 20대 후반부터 30대 말까지 하루 4,5시간 이상 자본 기억이 없다. 물론 그러다가도 어느 날은 죽은 듯이 거의 하루 종일 잠만 자기도 했다.

그때 계속해서 스스로 각인시킨 성경 구절이 있었다.

> 나중 된 자로서 먼저 될 자가 많으니라
>
> 마태복음 19:30

그때 준비한 것들을 하나님은 지금도 써주신다. 그래서 지금도 나는 감동이 되는 순서대로 새로운 주제를 준비하고 있다. 지금 준비해야 50대 60대에 사용할 수 있으리라 믿기 때문이다.

하나님의 때에 하나님이 쓰시는 사람

내가 믿는 영적인 원리가 있다. 하나님은 물론 하나님의 은혜로 역사하신다. 그러나 많은 경우 준비된 만큼 우리를 사용하신다. 깨어서 지금 준비하면 하나님은 이후에 우리에게 준비되어 있는 것들을 그분의 때에 들어 쓰실 것이다.

그러니까 하나님께 써달라고 기도만 하거나 지금의 상황에 만족하지 못해 또 다른 인도하심을 구할 것이 아니라 지금 내게 주어진 상황과 환경 안에서 시간을 구별하여 준비하기를 도전드린다. 그렇게 준비된 하나님의 사람들 위에 하나님의 강권적인 때인 카이로스가 임한다고 믿는다. 때를 달라고 구하지 말고 때가 임하도록 지금 준비하라는 것이다.

아브라함에게 "집에서 길리고 훈련된 자 삼백십팔 명"이 미리 준비되어 있었기 때문에 위기의 순간 곧바로 조카 롯을 구하러 달려갈 수 있었던 것과 같이, 모세가 광야에서 무려 40년간 준비되었기 때문에 절대적으로 하나님만 의지하며 이스라엘을 애굽에서 인도해낼 수 있었던 것과 같이, 여호수아가 준비되었기 때문에 다음 리더로 세워지고 이스라엘 2세들을 이끌고 약속의 땅을 유업으로 취할 수 있었던 것과 같이, 다윗이 양치기로 준비되어 이스라엘의 군대 장관이 되고 광야에서 준비되어 이스라엘의 왕이 된 것과 같이, 예수님이 30년을 우리와 똑같이 사시면서 우리의 언어와 문화로 천국 복음을 전파하며 구원의 길을 열어놓으신 것처럼, 열두 제자들이 그분과 동행하며 함께 보고 배우며 경험하고 마지막으로 성령으로 무장되어 하나님나라 복음을 전파하는 제자의 부르심을 감당한 것처럼 '지금' 준비하라. 크고 대단한 미래의 일을 꿈꾸는 것이 아니라 지금 내게 허락된 환경과 일들을 주님의 면전에서 주께 하듯 충성스럽게 감당하라는 것이다. 이런 이들에게 주님의 때인 카이로스가 임한다. 그때 우리가 곧바로 "네" 하고 달려 나갈 수 있어야 한다. 하나님은 이렇게 준비된 자들을 사용하신다.

다양성 속 일치를 추구하시는 하나님

우리는 믿음으로 준비하지만 우리를 통해 역사하시는 하나님은 다양성을 통해 궁극적으로 '하나님나라'라는 일치를 추구하는 분이시다. 그러므로 준비된 하나님의 사람으로 우리 자신을 세워갈 때 본질적인 성경의 가치는 붙들되 다양성 가운데 행하시는 하나님의 또 다른 측면에 대해서 우리는 열려 있어야 한다.

한 번은 매해 주최하는 큰 집회를 위해 두 명의 주 강사를 초청한 적이 있었다. 한 분은 터키에서 오래 사역하신 선교 단체 대표이셨고, 다른 한 분은 인도에서 오랫동안 사역하신 선교사님이셨다. 한 분은 오전 강사로, 한 분은 오후 강사로 세워졌다. 두 분 다 훌륭하고 내게는 동생뻘 되는 분들이라 두 분의 스타일이나 다른 기질에 대해 깊이 생각해보지 않았다. 그러다가 집회 중간쯤에 이야기가 나왔다.

핵심인즉 한 분은 완전히 특수부대 출신 같아서 "예수를 위해 죽도록 헌신하라. 남은 고난에 동참하고 금식하며 돌파하라"는 식이었다. 그런데 다른 한 분은 선교 현장에 도착하자마자 너무 더워서 가장 좋은 에어컨을 사서 시원하게 지냈다거나 청년들에게 맛있는 밥을 해주려고 좋은 밥통을 사가지고 가서 함께 먹고 즐기며 사역하여 어마어마한 열매를 거두었다고 하는 것이다. 사실 수치상의 열매만 있는 것이 아니라 그가 속한 선교 단체의 대표적인 선교사로 자리매김 할 정도로 귀한 분이었다.

그러나 훈련생들에게는 달랐다. 이렇게 상반된 메시지를 아침저녁으로 듣다보니 그래서 죽기 살기로 하라는 건지, 아니면 놀며 쉬며 즐겁게 하라는 건지 헷갈린다는 것이다. CG선교회의 대표 간사이신 노승희 간사님이 이 상황을 설명하며 내게 "목사님, 아무래도 정리를 좀 해주셔야겠는데요"라고 말했다.

집회가 거의 막바지에 이르자 나는 기도했다. '도대체 이것을 어떻게 설명해야 하지…. 두 사람이 서로 이렇게 달랐나?' 정확히 떠오르는 말씀은 없었지만 나는 주님이 주신 지혜를 나누었다.

"사랑하는 여러분, 각자 생긴 대로!"

주님을 향한 헌신의 마음과 결단은 동일하게 필요하다. 그러나 그 마음을 구체적으로 표현하고 사역하는 것은 각자에게 있는 모습과 그 기질대로, 상황과 형편에 맞게 인도하심을 받아 자유롭게 하라는 것이다.

나는 마지막 저녁 집회 때 학생들에게 이렇게 나누었다.

"사랑하는 여러분, 하나님은 여러분 한 분 한 분을 독특하게 창조하셨고, 다양한 방법으로 구원으로 이끄셨고, 또한 앞으로도 여러 방법으로 인도하실 것입니다. 그러니 여러분의 기질과 모습을 좇아 다양하게 헌신하세요. 누구는 주를 위해 목숨을 걸고 한국 음식도 안 먹고 금식하며 사역하시고, 누구는 현지인들과 함께 한국 음식을 먹으며 즐겁게 교제하고 사랑을 나누며 사역하세요.

단, 즐거이 섬기시는 분들은 너무 즐기지 않도록 늘 조심스럽게 자신을 돌아보시기 바라고, 반대로 목숨 걸고 고난에 동참하실 분들은 그 때문에 특권 의식을 갖거나 남을 쉽게 판단하는 마음을 갖지 않도록 조심하십시오. 기억하십시오. 요한은 금식하며 '광야에서 외치는 자의 소리'로 외로이 헌신하였지만, 예수님은 '먹기를 탐하고 포도주를 즐기는 사람'이라는 말을 듣기도 하셨습니다. 여전히 결론은 알아서 다양하게 각자 인도하심과 기질대로… 아멘!"

모든 일에 사랑을!

물론 지금도 이 부분에서 논란이 있다. 그러나 내가 믿는 한 가지는 하나님은 다양성을 추구하시는 분이라는 것이다. 그렇지 않다면 하나님께서 세상을 이렇게 다양하게 창조하시지 않았을 것이다. 사람의 기질과 성품 또한 이렇게 다양하게 창조하시지 않았을 것이라고 믿는다. 다만 주님을 향한 우리의 간절한 사랑과 헌신의 태도는 놓치지 말아야 한다. 그러나 그것을 구체적으로 나타내고 풀어내는 측면에서는 각자 지혜롭게 인도하심을 좇아 감당하는 것이 맞다고 믿는다.

내가 현재 동역하는 분들 중에 모이면 늘 농담을 잘하고 장난도 잘 치는 분이 있다. 사역도 청년들과 얼마나 즐겁게 하는지 교회 이름도 '조이풀'joyful이다. 또 다른 분은 얼굴이 벌써 아주 심각하고 전투적이시다. 주님을 위해서라면 순교의 각오로 사역하실 것을 아무도 의심하지 않는다. 오죽하면 별명이 '기독교계의 탈레반'일까. 이렇게 각자의 기질과 성품에 맞게 사역하다가도 함께 사역할 때는 서로 인정하고 보완해주는 아름다운 연합의 역사가 나타난다.

그러므로 준비하라. 준비하되 각 사람을 향한 하나님의 창조적인 뜻과 인도하심을 좇아 그 기질과 성품과 배경, 이 모든 것들을 통합하여 쓰시는 그분의 은혜 아래 모두 아름답게 쓰임 받기를 축복한다.

어거스틴도 이렇게 말했다.

"본질에는 일치를, 비본질에는 관용을, 모든 일에는 사랑을."

부흥을 주소서

부흥을 담아낼 준비?

그 당시 우리 CG선교회는 매주 화요일 '열방 중보기도'라는 모임으로 함께 모여 지역과 미국 그리고 열방을 위해 순번에 따라 기도했다. 지금 돌아봐도 정말 무식하게 목놓아 부르짖으며 기도했던 시간이다. 두세 시간의 기도회 후 너무 지쳐서 아무도 그 자리를 쉽사리 벗어나지 못할 만큼 단순하게 부르짖으며 기도했다.

내 마음 가운데도 그 당시 많은 믿음의 사람들과 교회에서 부르짖는 '부흥'에 대한 갈망이 컸다.

"하나님! 이 땅에 부흥을 부어주십시오."

그렇게 밤낮으로 쉬지 않고 부르짖던 어느 날 그날도 나는 개인 기도실에서 하나님께 부흥을 달라고 간절히 기도했다. 그러던 중

하나님으로부터 온 음성이 있었다.

"정말 부흥을 원하느냐?"

요즘 식으로 표현하면 나는 완전 당황스러웠다. 그래서 다시 간절히 부르짖었다.

"그렇습니다. 하나님, 부흥을 원합니다. 부흥을 부어주십시오."

그러면서 내심 '혹시 오늘이 그날인가? 기독교 역사상 일어난 놀라운 부흥의 시초가 지금 여기 이 자리에서 일어나는 것인가?' 이런 생각을 하며 나는 흥분하기 시작했고 더욱 간절히 매달렸다.

그때 주님의 세미한, 그러나 너무나 분명한 질문이 한 번 더 내 마음을 파고 들어왔다.

"그래. 내가 부흥을 부어주마…. 그럼 받을 준비가 되어 있느냐?"

순간 다시 당혹스러웠다. 그것은 한 번도 생각해보지 않았기 때문이다. 그냥 부흥을 달라고 부르짖으면 지성이면 감천이라고 하나님이 끈질기게 기도하는 우리의 기도에 감명을 받아 어떻게 뭘 좀 해주시지 않겠느냐 하는 것이 그때 나의 수준이었다. 그런데 막상 이 질문을 받고 나니 그야말로 "뜨아!"였다. 그리고 당혹스러움과 함께 나도 모르게 "아!!! 아니구나"라는 탄식이 절로 흘러나왔다.

"아니요. 하나님, 아직은 아닙니다."

내게는 그 어마어마한 부흥을 담아낼 준비가 전혀 되어 있지 않았다. 사실 구체적으로 그게 어떤 준비인지는 여전히 신비이다. 하지만 한 가지 분명한 것은 그때 나는 준비되어 있지 않았다는 사실이다.

철저한 회개와 완전한 자기부인

충분하지 않지만 그때 어렴풋하게나마 깨달은 것이 있었다. 부흥은 하나님께서 더 부어주기 원하신다. 그러나 우리가 그 부흥을 담아낼 만한 그릇으로 준비되어 있지 않기 때문에 부어주실 수 없다는 것이다. 부흥은 부르짖어서 되는 것이 아니라 이 땅에서 하나님의 부흥을 받을 준비가 되면 하나님으로부터 임하게 되어 있다는 사실이다.

2천 년 기독교 역사 가운데 있던 부흥의 사건들을 보면 그 준비의 핵심이 회개였다는 사실을 우리가 잘 알고 있다. 그것도 '철저한 회개'다. 단순히 "죄송합니다"가 아니라 온전히 돌아서는 것이다. 지금 가고 있는 방향에서 돌이켜 전심으로 하나님께 돌아서는 것이다. 이 땅에서 그것이 이루어질 때 주님은 한 개인을 통해서, 때로는 한 공동체와 한 민족을 통해서 놀라운 부흥을 행하신다. 돌이키는 핵심은 '자기부인'이다. 아직도 시퍼렇게 살아 꿈틀거리는 자신을 철저히 깨뜨려 주님에게 온전히 내어드릴 때 그 결과는 부흥으로 나타난다. 개인적인 차원이든 공동체와 민족의 차원이든 말이다.

지금도 내게 가장 큰 싸움은 내 마음의 사심私心을 비우는 과정이다. 물론 이제는 어느덧 그런 유혹으로부터 자유할 수 있다고 조심스럽게 이야기할 수 있을지 모른다. 하지만 "만물보다 거짓되고 심히 부패한 것은 마음이라 누가 능히 이를 알리요마는"(렘 17:9) 이 말

쓸처럼 나도 모르게 내 안에 깊이 도사리고 있는 사심과 야망에서 어떻게 자유할 수 있겠는가? 우리의 심장을 살피며 폐부를 시험하시는 하나님 앞에 날마다 두렵고 떨리는 마음으로 자신을 비추어 점검 받지 않는다면 우리는 한순간에 무너질 수밖에 없는 연약한 자들임을 고백한다.

내가 죽어 예수 살게 하소서!

예수님은 매 순간 습관을 좇아 새벽 미명에, 한적한 곳에, 밤이 새도록 아버지 하나님과 씨름하셨다. 나는 개인적으로 이것이 주님의 삶에서 가장 놀라운 점이라고 생각한다. 하나님이신 그분도 인간의 제한된 육신 안에 거하시며 끊임없이 아버지 하나님과의 영적 교통을 위해 나아가셨다면, 본질상 죄인인 우리에게 이런 시간들이 얼마나 더 필요한지는 군이 설명할 필요가 없다. 신앙생활의 시작과 기본이 자기부인이지만 결국 신앙의 끝 역시 온전한 자기부인을 통한 그리스도와의 완전한 연합이다.

아무든지 나를 따라오려거든 자기를 부인하고

누가복음 9:23

자기를 부인하심으로 이 땅에 사람의 몸으로 오신 주님은 그분의 사역의 마지막 기도의 자리인 겟세마네 동산에서 자기를 완전히 부인하시기 위해 땀방울이 핏방울 되기까지 기도의 씨름을 하셨다. 그리고 십자가 위에서 자기를 완전히 부인하심으로 아버지의 뜻이 이 땅에 이루어지도록 놀라운 부흥의 불을 지피셨다. 그러므로 그분을 좇는 제자의 삶이란 "내가 죽어 예수 살게 하소서"가 되어야 하며 화려한 궁전이 아닌 영문營門 밖으로, 그분처럼 골고다의 길로 향해야 함을 믿는다.

　　아! 내 안에는 아직도 궁전의 화려함과 많은 사람들의 인정과 환대에 친숙한 육의 사람이 꿈틀거리고 있다. 교회 바닥에서 자다가도 좋은 호텔 침대에 누우면 저절로 "여기가 좋사오니…"라고 할 수밖에 없는 나의 연약함과 좋고 풍성하고 화려한 것에 익숙하지 않도록 몸부림쳐야 하는 것을 고백한다. 부흥은 간절하나 나는 여전히 부족하다. 그런데도 이 치열한 싸움 한복판에서 간절히 구한다.

주는 주의 일을 이 수년 내에 부흥하게 하옵소서

이 수년 내에 나타내시옵소서

하박국서 3:2

ALL IN

PART 4

본질

13

본질 사수

라이프 계약

당시 사역의 확장으로 뉴욕 롱아일랜드 스토니브룩 대학과 맨해튼에서 청년들을 훈련하여 단기선교를 보내게 되었다. 그때 박사 과정에 있는 한국 학생의 모임에 초청을 받아 토요일 저녁에 말씀을 나누게 되었다. 집회는 토요일 저녁이고 다음날 아침 비행기를 타고 돌아와 바로 교회 사역을 해야 했기에 나는 양복을 입고 비행기에 올랐다.

스토니브룩 대학으로 향하는 비행기 안에서 저녁 집회를 위해 기도하는데, 문득 내 안에 주님의 음성이 들려왔다.

"Your dream come true!" (너의 꿈이 이루어졌네!)

순간 주님께 물었다.

"무슨 말씀이십니까?"

"너 항상 비행기 타고 다니고 싶어 했잖아."

"네."

"봐라, 지금 비행기 타고 다니고 있지? 그리고 너 항상 양복 입고 다니고 싶어 했잖아."

"네."

"봐라, 지금 양복 입고 다니고 있지?"

물론 비즈니스맨이 되고자 꿈꿀 때 생각한 양복 브랜드와는 사뭇 다른 양복이지만 어쨌든 맞는 말씀이었다.

그리고 주님이 다시 말씀하셨다.

"너 항상 서류가방 들고 다니고 싶어 했는데 지금 가방 들고 비행기 타고 있지 않니…."

이때쯤 나도 할 말이 있어서 이렇게 받아쳤다. 감히….

"아, 제가 원한 건 백만 불짜리 계약 서류가 들어 있는 가방이에요. 이 가방에는 그런 서류가 없잖아요?"

그러자 주님이 말씀하셨다.

"그래. 네 말이 맞다. 네 가방 안에는 백만 불짜리 계약 서류는 들어 있지 않아. 그런데 그 안에는 라이프 계약이 들어 있다. 그것도 영원한 생명을 위한…."

순간 눈물이 왈칵 쏟아졌다. 내 꿈보다 더 큰 꿈을 가진 주님, 그리고 그 길로 나를 신실하게 인도해주시는 주님의 손길이 느껴졌기 때문이다. 늘 좋은 양복에 멋있는 가방을 들고 비행기 타고 다니는 비즈니스맨의 꿈을 하나님은 다른 차원으로 응답해주신 것이다. 옆에 있던 다른 사람들이 보거나 말거나, 나는 "Life Contract…"라고 반복하면서 엉엉 울며 눈물을 훔쳤다. 비행기에서 내려 공항을 빠져나오자 마중 나온 학생이 나를 보더니 무슨 일이 있느냐고 물을 정도였다.

네 꿈을 버려라

학교에 도착한 그날 저녁 모임에 박사 과정에 있던 많은 학생들이 모였다. 복음을 전하고 주님께 초청했을 때 20명이 넘는 학생들이 주님을 영접했다. 20개가 넘는 생명 계약이 맺어진 것이다. 그것도 영원한 생명의 계약이….

주님은 우리가 가진 꿈보다 더 큰 꿈으로 우리를 인도하신다. 그런데 많은 청년들이 주님의 부르심과 인도하심 앞에서 머뭇거릴 때가 많다. 주님을 좇기 위해 자신이 포기해야 할 것들 때문이다. 자신이 품고 좇아온 꿈들 때문에 그렇다.

그러나 나는 담대히 도전할 수 있다. 우리를 위한 주님의 꿈은 우리가 우리 스스로 꾸고 있는 꿈보다 훨씬 크다. 또한 주님으로부터 오지 않은 이 세상의 모든 꿈은 결국 이슬처럼 사라지지만 주님으로부터 온 꿈은 영원히 남을 것이다. 우리는 잠시 있다가 사라질 이 땅의 꿈을 드리고, 영원한 하나님나라의 꿈을 사는 자들이다.

예수 그리스도를 통해 이 땅에 선포된 하나님나라의 복음은 잠시 있다가 사라질 땅의 것들에 얽매였던 우리 인생을 자유케 하여 영원한 천국을 꿈꾸도록 해준다. 땅의 것에서 자유하게 되어 하늘을 꿈꾸는 것이 아니라 복음을 통해 하늘의 가치가 열려 땅의 것을 기꺼이 버리는 것이다.

제자의 정신 무장

당시 나는 사역에 올인 하고 있었다. 사실 사역 이외에 다른 것에는 별 관심이 없었다. 뒤늦게 예수님을 만나 부르심을 받고 어떻게든 주어진 사역을 잘 감당하기 위해 몸부림치며 청년들을 도전하여 잘 세우고자, 할 수 있는 모든 것들을 직접 배우고 연구하고 실행하느라 많은 시행착오를 겪을 때였다.

시간이 흐르며 간사들과 오래된 멤버들 안에서 훈련이나 사역 시스템이 좀 더 체계적이고 조직적이었으면 좋겠다는 이야기가 나왔다. 마침 나도 주먹구구식의 사역을 탈피하여 좀 더 체계를 갖추면 좋겠다는 생각을 하고 있었기 때문에 커리큘럼도 만들고 조직도 만들면서 뭔가 모양새를 갖추는 노력을 했다. 결과적으로 어느 정도 모양이 갖추어졌다.

그러나 지금 와서 돌아보면 체계나 조직이 필요하고 유용했음에도 불구하고 본질적인 것은 여전히 '말씀'과 '기도'를 통해 한 사람한 사람을 제자로서 정신 무장 시키는 것이라는 결론에 이르게 된다. 다시 말해 본질을 놓쳐버리면 아무리 아름답게 모양을 만들고조직을 꾸린다 해도 결국 껍데기뿐이라는 것이다.

최근 그리스도인 공동체 안에서 세련되고 잘 조직된 훈련 프로그램이나 구조를 볼 때 겉으로는 뭔가 화려하고 힘도 있고 그럴듯하고 좋아 보이기는 하는데, 조심스럽지만 '앙꼬 없는 찐빵' 같은 느낌이 들 때도 있다. 단적으로 제자훈련 프로그램이 아무리 좋아도 제자의 정신을 심어주는 일에 실패하는 것 같기 때문이다. 해병대 훈련에 해병대 정신이 빠지면 어떡하나?

물론 효율적인 조직이나 잘 짜인 프로그램, 훈련 커리큘럼, 교회구조가 전혀 필요 없다는 말은 아니다. 사역이나 교회의 사이즈가커지면 반드시 이런 과정이 필요하다는 데 공감한다. 조심스럽지만내가 말하고 싶은 것은 하드웨어에 너무 신경을 쓴 나머지 소프트웨어보다 하드웨어가 어마어마하게 커진 느낌을 받는다는 것이다.

그래서 겉보기에 뭔가 대단하고 좋아 보이기는 하는데 실상은 힘이 없다. 어른들 말마따나 '맥아리'가 없어 보인다는 것이다. 무엇으로 아느냐고? 간단하다. 한 사람 한 사람이 실제 삶의 현장에서 힘을 발휘하지 못하기 때문이다. 모여 있을 때는 프로그램과 커리큘럼과 조직 내 화려함에 취해 있는지 모르지만, 실제 삶 가운데 홀로 서 있을 때 맥없이 무너지고 있다는 사실이다. 이것이 현대 그리스도인들의 가장 큰 문제임을 아무도 부인할 수 없다.

속사람을 강건하게 세우라

이렇게 속절없이 실제 삶의 현장에서 무너지는 이유 역시 간단하다. 속사람이 강건하게 서 있지 못하기 때문이다.

> 이러므로 내가 하늘과 땅에 있는
> 각 족속에게 이름을 주신
> 아버지 앞에 무릎을 꿇고 비노니
> 그의 영광의 풍성함을 따라
> 그의 성령으로 말미암아
> 너희 속사람을 능력으로 강건하게 하시오며
>
> 에베소서 3:14-16

쉽게 말해 그리스도인의 정신, 즉 성경적 가치로 정신 무장되어 있지 않다. 영성이란 결국 삶에서 실제 능력으로 발휘되는 것이다. 우리는 잘 짜인 프로그램과 조직 안에서 많은 것을 누리며 그 안에서 자기도 뭔가 되어간다고 착각할 때가 많다. 그러나 실상은 그렇지 않다. 잘 짜인 프로그램이나 커리큘럼이 우리의 속사람을 강건하게 하는 것이 아니다. 사실 이 점이 오늘날 제자훈련의 치명적인 문제라고 생각한다.

본질은 성도 한 사람 한 사람이 스스로 하나님의 기록된 말씀 앞에 자신을 비추어 말씀 앞에 씨름하며 그 기록된 말씀을 통해 지금 나에게 말씀하시는 하나님의 음성을 듣고, 그 음성을 좇아 살기 위해 성령의 도우심을 구하며 기도로 몸부림치는 가운데 제자의 정신과 가치로 무장되는 것이다.

이 거룩한 수고는 하지 않고 너무나 잘 짜인 그리고 아름답게 만들어진 프로그램과 커리큘럼 안에서, 마치 훌륭한 셰프chef가 다 만들어서 내온 요리를 집어서 드시고만 있는 셈이니, 어떻게 성경과 반대로 흘러가는 이 세상에서 그물을 던져 사람을 낚는 어부가 되겠는가? 어떻게 진리의 말씀을 거슬러 흐르는 시대적 대세에 맞서 거룩한 싸움을 벌일 수 있겠는가?

목자이신 주님께 주목!

우리가 곧잘 듣는 말이 있다.
"정신 상태가 글러 먹었어."

나는 사역자의 한 사람으로서 사역자는 흔히 우리가 이해하는 목자shepherd라기보다 'sheepdog' 즉 양치기 개라고 믿고 있다. 물론 목양의 관점에서 목자로서 역할이 있다. 하지만 그 역할 역시 양들이 직접 바라보고 음성을 듣고 따라가야 할 목자라기보다는, 양치기 개로서 양들이 어찌하든지 목자이신 예수님을 주목하고 그분의 음성을 듣고 반응하여 그분을 좇아가도록 돕는 중간자라는 것이다.

사역자는 양들과 동행하며 때로는 큰소리로 무섭게 짖기도 하고, 때로는 상냥하게 울며 격려와 위로도 보내고, 꼬리도 흔든다. 어떻게 해서든 양들이 목자 되신 주님을 바라보도록, 주님의 음성을 듣도록, 주님께 반응하도록 주님을 돕는 자이며 목자와 양들을 연결하는 자들이다.

양치기 개는 누구보다 먼저 목자의 사인sign을 정확히 받기 위해 자신이 먼저 목자 되신 주님께 집중하고 경청하고 즉각적으로 반응할 수 있도록 깨어 있어야 한다. 아울러 양들을 보아야 한다. 양들이 잘 따라가고 있는지, 잘 반응하고 있는지, 그래서 양치기 개는 쉴새 없이 고개를 빨리 움직여야 한다. 목자를 봤다가 양들도 봤다가 어떻게든 이 둘 사이를 연결해야 하기 때문이다. 성도들이 말씀을 통해 목자이신 주님을 만나고, 기도 가운데 주님을 만나도록 돕는 프로그램, 커리큘럼, 조직이 되면 좋겠지만, 어쩌면 지금은 그것들이 오히려 주님과의 만남을 가로막고 있는 것은 아닌지….

대표적인 케이스가 고린도교회다. 고린도교회는 그토록 탁월한 바울이 가장 오래 머물러서 가르쳤는데도 가장 문제가 많았다. 그 문제의 핵심이 무엇이었나? 바로 분쟁이었다. 교회 성도들이 사람을 중심으로 바울파, 아볼로파, 게바파 그리고 그리스도파로 각각 나뉘어졌기 때문이다. 왜 이런 분쟁이 일어나게 되었는가? 의도했든 의도하지 않았든, 교회의 머리가 되시고 진정한 목자이신 예수 그리스도가 아니라 리더들을 주목한 나머지, 성도들이 주님을 놓쳐버렸기 때문이다. 즉 리더들이 자신들을 통해 결국 주님 앞에 성도들 스스로가 설 수 있도록 하는 일에 실패한 것이다.

고기 잡는 법을 가르쳐라

교회에 파벌과 분쟁이 있다는 것은 목자 되신 예수님 자리에 다른 사람이 있을 때이다. 그렇다고 우리가 주님의 몸 된 교회를 위하여 세워주신 목회자나 리더들을 신뢰하고 따라서는 안 된다는 것인가? 핵심은 그게 아니다. 요지는 몸을 이루는 성도 한 사람 한 사람이 스스로 주님의 말씀 앞에 나아가 말씀을 통해 주님의 음성을 듣고 주님을 만나고 주님을 좇아가야 한다는 것이다.

물론 성도들은 사역자를 통해 주님의 말씀을 듣고 깨닫고 배우게 된다. 사역자는 성도 스스로 주님의 말씀을 통해 주님의 음성을 듣고 주님을 만나고 주님을 좇아가도록 성도들을 정신 무장시켜야 한다. 이 일을 위해 끊임없이 주님을 주목하도록, 주님의 음성을 듣도록, 그분의 음성에 반응하도록 성도들을 훈련해야 한다.

툭하면 목사에게, 용하다는 전도사, 권사에게 달려가 안수기도를 받고 위로나 얻으려는 병든 그리스도인들, 그래서 스스로 아무것도 결정하지 못하는 그리스도인들이 아니라 자기 스스로 세상 한복판에서 말씀과 기도로 무장된 가치와 정신으로 살아갈 수 있도록 도와주어야 한다.

"고기를 주지 말고 고기 잡는 법을 가르쳐주라"는 유대인 속담이 있다. 그런데 오늘날의 제자훈련과 교회의 훈련이 안타깝게도 잘 손질되고 요리된 고기를 젓가락만 들어 올리면 먹을 수 있도록 제공하는 '서비스 신앙'에 젖어들도록 하고 있다는 것이다. 이 신앙은 교회 안에서는 문제가 되지 않는다. 문제는 교회만 벗어나면 힘을 쓰지 못한다는 것이다. 왜? 한 번도 스스로 주님으로부터 진리의 말씀을 받아보지 못하고 그 말씀을 살아내기 위해 사투를 벌인 경험이 없으니까.

"이 시대 청년들은 힘이 없어. 아이들 안에 강단이 없어."

흔히 이렇게 말씀하는 어르신들이 보는 것과 같은 맥락으로 현대 그리스도인들이 꼭 그렇다.

성숙함이란 스스로 자신의 필요를 채울 수 있도록 성장하는 것을 말한다. 기독교 2천 년 역사를 통해 증명된 결론은 말씀과 기도를 통해 스스로 자신의 영적인 필요를 채우고 그렇게 살아낼 수 있도록 성경적 가치로 정신을 무장시키는 훈련이 그 본질이다. '스스로 할 수 있도록' 하는 것이기 때문에 시간이 오래 걸리고 한꺼번에 많은 사람들을 세워나가기 어렵다.

흔히 "목회자들의 목회자"라 일컫는 유진 피터슨 목사님은 평생 200여 명을 목회하셨다고 한다. 성도의 수가 200명이 넘어가면 다른 사역자와 함께 분리 개척하도록 했는데 이유인즉, 유진 피터슨 목사님 자신이 성도를 온전히 섬기기 위해서 200여 명이 맥시멈이라는 것이다. 그 이상은 감당이 안 되신다는 것이다. 그러니까 우리도 200명을 넘어서는 안 된다고 말하는 게 아니다. 그의 동기와 목적에 주목하라는 것이다. 성도 한 사람 한 사람을 온전히 세우기 위한 그의 결정을 말이다.

성도를 온전한 그리스도의 사람으로 무장시켜 스스로 세상에서 성경적 가치와 예수 정신으로 살아낼 수 있도록 세우는 것이 진정한 본질이다.

14

목사님은 사랑이 없어요

에구머니, 깜짝이야

나는 비전과 사명감 그리고 주님을 향한 열정으로 불타오르던, 그야말로 열심이 특심인 사역자였다. 그런 내게 아주 치명적인 문제가 있었는데 어느 날 멤버 한 사람으로 인해 이 문제가 터졌다. 그날도 주님을 향한 헌신과 믿음의 결단을 한참 부르짖을 때 한 자매가 나를 찾아왔다.

"목사님, 목사님의 비전도 알겠고 주님을 향한 헌신과 열정도 다 알겠는데요. 목사님에게는 사랑이 없어요."

그 말을 듣는 순간 별의별 생각이 다 내 머릿속을 치고 들어왔다.

'그래도 내가 목산데… 사랑이 없으면 어떡하지…. 그런데 사랑을 어떻게 해야 있는 거지….'

사실 나는 아직까지도 구체적으로 뭘 어떻게 해야 사랑이 있는 건지 분명하지 않을 때가 많다. 여전히 너무 부족하다. 열정과 확신으로 앞만 보고 달리다가 이런 이야기를 듣고 보니 내게는 그야말로 "에구머니, 깜짝이야"가 터진 것이다.

'주님이 사랑이신데 그 주님의 종에게 사랑이 없다면 이건 뭔가?'

'사랑 없이 어떻게 주님의 일을 하며 어떻게 주님을 나타내나?'

한편으로 잔잔한 내 마음에 짱돌을 던지고 간 그 아이가 내심 괘씸했다.

"하나님! 제가 사랑이 없대요. 제가 주님의 종인데 사랑이 없으면 되겠습니까? 근데 제가 보니 개도 사랑이 없는 거 같던데요. 꼭 사랑 없는 애들이 남보고 사랑 없다고 불평하고…."

물론 이건 기도가 아니고 그냥 푸념이자 원망이었다. 그러나 그로부터 근 10년간 나는 기억날 때마다, 또 이런 문제가 불거질 때마다 아버지께 사랑을 부어달라고 간절히 기도했다.

그 후로 오랜 시간이 지나 하나님의 인도하심으로 뉴저지에서 교회를 섬길 때였다. 새벽예배 후 성도 몇 분과 새롭게 오신 한 성도님과 함께 맥도날드에서 아침을 먹는데, 새로 오신 분이 이런저런 이야기를 하다가 대뜸 내게 "우리 목사님, 참 따뜻하고 사랑도 많으신데…. 카리스마만 있으면 큰 교회 목사님들처럼 놀랍게 사용 받으실 텐데…" 하시는 것이 아닌가. 이건 대체 또 어떻게 받아들여야 하는지….

'나로 말하면 카리스마 덩어리인데…. 이제 카리스마는 온데간데 없고 사랑만 있다고 하니… 사람은 변하는구나!'

주님이 변화시켜주신다

물론 한순간에 변화되는 것은 힘들다. 그러나 포기하지 않고 씨름하면 주님이 우리를 변화시켜주신다고 나는 믿는다. 우리 힘으로는 안 되지만 계속 붙들고 간구하면 주님이 역사하신다.

내 귀에 들려온 더 재미있는 소식은, CG선교회 초창기 멤버들이 후배들과 함께 모여 이야기를 나누다가 중간중간 내 이야기가 나올 때 초창기 멤버들은 한결같이 "아니, 그럴 수가…. 믿을 수 없어"라고 한다는 것이다.

나는 지금도 노력한다. 하다못해 문자 하나를 보낼 때도 사무적으로 건조하게 용건만 적어 내려가다가도 다시 맨 앞으로 돌아가서 "잘 지냈니? 하는 일은 어때? 잘 되어가고 있어?"라고 인사말을 쓴다. 그러면서 속으로는 답답해한다. 이런 형식적인 인사를 꼭 해야 하는지 고개를 갸우뚱하는 것, 이것이 내 수준이다. 그러나 나의 연약함과 부족함을 잘 알기에 계속해서 노력한다. 지금도 주님께 도와달라고 기도하며 매달리고, 주님은 여전히 포기하지 않으시고, 내 안에서 역사하시고 이끌어주신다.

아직 나는 주님을 사랑하고 이웃을 사랑하는 것이 무엇인지 다 몰라서 힘들 때가 많다. 친밀함과 신부의 영성을 말씀하시면 구체적으로 어떻게 표현해야 하는 건지 모를 때가 많다. 차라리 주님을 위해 삽질로 산을 퍼서 옮기라면 쉽겠는데, 주님 앞에서 '신부의 영성'으로 '주님과의 친밀함' 가운데로 들어가라고 하면 어려울 때도 있다.

그래도 나는 계속해서 한다. 그래서 이제 '친밀함'에 대해서도 나누고 '다윗의 장막'에 대해서도 나눈다. 물론 여전히 부족하니까 이런 주제로 말씀을 나누다가도 속으로 '너나 잘해' 할 때가 있어서 힘들다. 그렇지만 계속 노력한다. 물론 나의 노력 때문에 변화되는 게 아니라는 것을 잘 안다. 이런 노력 또한 내 안에서 역사하시는 성령 하나님의 은혜이기 때문이다. 그러나 주님은 이런 우리의 믿음의 몸부림을 기뻐하시고 이 작은 몸부림을 통해 역사하시는 분이심을 믿는다.

사랑은 오래 참고!

내 연약함이 가장 잘 드러날 때는 바로 나의 아이들과 함께할 때다. 나는 두 아들을 정말 사랑한다. 하지만 아이들과 함께 놀고 시간을 보내는 것이 정말 힘들고 잘 안 될 때가 많다. 물론 일부러 시간 내서 함께 놀며 장난하고 뛸 때 많은 분들이 그런다. 너무 좋은 아버지라고. 그런데 그것은 잘 몰라서 하는 말이다. 그 시간 자체가 즐거워서 함께하는 것과 아버지 노릇을 하기 위해 함께 시간을 보내려고 애쓰는 것과는 차원이 다르다.

지금은 1년에 한두 번 아이들을 선교 현장에 데리고 다니려고 한다. 그렇게 아이들과 좋은 시간을 보내기도 하고, 열방 가운데 행하시는 하나님의 놀라운 일들을 보도록 해주고 싶은데 마음처럼 잘 되지 않는 것 같다. 그래도 노력한다. 어떻게든 내가 할 수 있는 최선을 다하려 하기 때문이다. 그만큼 나는 아직 진행 중이고 아직 성장 중이다.

흔히 우리의 모든 섬김의 동기와 그 기초가 사랑이 되어야 한다고 말씀한다. 문제는 내가 이 사랑의 동기로 하고 있는지 정확히 평가하기가 참 쉽지 않다는 것이다. 그런데 어느 날 나는 말씀으로 한 방 "뻥" 하고 얻어맞는 경험을 했다. 그렇게 많이 보고 암송까지 한 말씀인데도 어떻게 이토록 모를 수 있었을까 싶을 만큼 내게 새롭고 놀라웠던 말씀이다.

사랑은 오래 참고…
고린도전서 13:4

성경에서 말씀하는 사랑의 가장 기본 그리고 시작이 바로 오래 참는 것이다. 사랑의 구체적인 표현이 오래 참는 것이다. 그 뒤에 따라

오는 사랑에 대한 설명을 보면 우리가 이해하는 사랑의 감정과 느낌과 아름다움과 따뜻함은 그다지 보이지 않는다. 사랑을 위해 사투를 벌여야 하는 내용이 더 많다.

결론적으로 사랑은 포기하지 않고 관심을 멈추지 않는 것이라 믿는다. 그래서 사랑은 아주 터프하고 매우 치열한 것이다. 이 거칠고 터프한 사랑으로 여러분을 초청한다.

우리 공동체

사역의 사이즈

사역 초기에는 혼자서 거의 북 치고 장구 치듯 했지만, 시간이 지나면서 간사님들이 하나둘 새롭게 세워지고, 오래된 멤버들 가운데도 자발적으로 헌신하는 일들이 있었다.

늘 빠르게 결정하고 한 번 결정하면 그냥 밀어붙이기 일쑤인 나의 부족한 성품 때문에 사실 처음에는 이들과 함께 속도를 맞추고 손발이 맞게 사역하는 것 자체가 너무 버거워 힘들고 답답할 때가 많았다. 그러나 무식하고 담대한 나와는 달리 심사숙고하고 주변을 배려하는 간사님들과 하모니를 이루어야 하는 것이 내게 많은 훈련의 시간이 되었다.

확신하건대, 간사님이나 멤버들도 아주 많이 힘들었을 것이다. 그러나 부족한 가운데 한 가지 깨달은 것은 혼자보다는 여럿이 장기전에서는 반드시 효율적이라는 사실이다. 지금 와서 생각해보니 그분들이 아니었다면 불가능했을 많은 일들이 그 분들로 말미암아 가능하게 되었음을 보게 된다. 특별히 나의 대책 없는 결단과 믿음의 선포가 실제가 되도록 보이지 않는 곳에서 전력으로 헌신해주신 분들이 그들이었다.

이런 과정을 가리켜 팀워크를 위한 '창조적 충돌'이라고 한다. 서로 다른 지체들이 한 몸을 이루어 공동의 목적과 뜻을 이루기 위해서는 어느 정도 서로 깎이는 충돌의 과정이 있어야 한다는 것이다. 이 과정을 통해 우리는 서로가 서로에게 더 성숙하고 온전함으로 나아갈 수 있는 통로가 되어준다.

안타까운 것은 이 과정이 너무 힘들어서 뛰쳐나가거나 과정 자체를 포기한다면 우리는 그 상태에 머무르게 되고, 다른 사람들을 품고 함께할 수 있는 우리의 성숙함 역시 그만큼 제한될 수밖에 없다는 것이다.

사역의 사이즈는 일의 중요성과 성취도에 있지 않다. 성경적인 사역의 사이즈란 과연 얼마나 영혼을 품을 수 있느냐와 직결된다. 왜냐하면 우리는 영혼들과 함께 영혼들을 품고 세우는 사역을 하도록 부름 받았기 때문이다. 많은 그리스도인들을 볼 때 주님을 향한 열정은 어마어마한데 영혼들을 품고 인내하는 열정은 상대적으로 부족한 것을 보게 된다. 그러나 사실 이것은 다른 것이 아니다.

어떤 목사님이 실상은 그것이 거품이라고 말씀하시는 것을 들은 적이 있다. 하나님이 사랑이신데 하나님을 그토록 열정적으로 사랑하는 사람이 어떻게 영혼을 그만큼 사랑하지 않을 수 있느냐고…. 잃어버린 영혼과 열방의 영혼들을 그토록 사랑하는 사람이 바로 옆에 있는 자신의 동역자와 성도들은 사랑할 수 없느냐고…. 그렇다면 그것은 가짜라는 것이다. 이 말씀이 반드시 맞는다고 할 수는 없을지도 모른다. 그러나 적어도 우리 자신의 동기와 태도를 점검하도록 하는 말씀임에 분명하다.

나는 사람을 세우고 섬기는가?

부족하지만 나도 이 과정들을 거치며 언제부턴가 한 가지 정한 것이 있다. 내 옆에 있는 동료들, 함께 주님의 일을 섬기는 그들이 나의 1차 사역 대상자라는 것이다. 그래서 간사들과 더 많은 시간을 보내며 그들을 여러 방법으로 가르치고 세우는 일을 사역의 우선순위로 삼았다.

그렇다보니 실력이 따라주지 않아서인지 몰라도 흔히 말하는 '대량 생산'은 되지 않았다. 몇 년씩 마음을 들여 사역해도 남는 사람이 많지 않다. 그마저 실패한 케이스까지 종종 있었다. 아! 정말 힘들다. 만만하지 않다. 먼저는 내가 가진 나의 연약함 때문에 어렵고 아무리 진심으로 해도 그것이 잘 전달되지 않아서 힘들다. 그러나 나는 여전히 이것이 맞는다고 믿고 그렇기 때문에 계속한다.

조심스럽지만 나는 이 원리가 주님으로부터 나온 것이라고 믿고 있다. 주님은 공생애 기간 동안 많은 사역을 감당하셨지만 주님이 가장 마음과 시간을 쏟아 부은 대상은 바로 제자들이었다. 그리고 주님도 한 명 실패하셨다(ㅋㅋㅋ 사실 이 부분이 내게 큰 위로가 된다). 안타깝게도 이런 진리는 꼭 많은 시행착오를 거듭한 다음 시간이 지나고 나서야 깨닫게 된다.

비전이라는 이름으로, 그리고 사명이자 거룩한 뜻이라는 명분으로 우리는 너무 쉽게 바로 옆에 있는 사람을 이용하는 경향이 강하다. 동일하게 같은 일을 해도 누군가는 그들을 세우고 함께 나아가도록 섬기지만, 누군가는 그들을 이용하기만 한다. 사람을 대하는 동기와 태도에 따라 이 차이는 확연히 달라진다. 물론 이 민감한 차이에서 우리가 항상 자유할 수는 없다. 그러나 늘 깨어서 물어볼 수는 있다.

"나는 사람을 섬기며 세우는 자인가? 아니면 이용하는 자인가? 비록 그것이 비전과 사명을 위한 것이라 할지라도…."

그 대답은 단순하다. 나의 사역을 통해 얼마나 큰일들이 일어났느냐가 아니라 얼마나 많은 제자들(무리가 아닌 진짜 주님을 따르는 사역자와 제자들)이 일어났는지 보면 된다. 큰 사역이 일어나면 안 되는가? 물론 된다! 그러나 진정한 큰 사역은 무리나 군중이 아닌 결국 제자들이다. 왜냐하면 진정한 제자들이야말로 하나님나라 확장을 위해 복음 전파와 제자 삼는 사명을 우리와 함께 감당할 사람들이기 때문이다.

성경 말씀은 대부분 개인이 아닌 '우리'라는 공동체에게 주신 말씀이다. '우리'를 놓쳐버린 개인은 별 의미가 없으며 '나'라는 개인을 붙들어주는 것은 곧 우리라는 몸임을 기억해야 할 것이다.

품어주는 사랑

개인적으로 성경에 기록된 다윗의 삶에서 가장 도전이 되고 마음에 깊이 새긴 모습이 있다. 물론 소년 다윗이 골리앗을 쓰러뜨리거나 사울을 피해 광야 가운데서 하나님의 때를 기다리거나 우리아의 아내 밧세바와 간음한 뒤 나단 선지자가 이를 지적했을 때 자신의 체면이나 왕의 권위에도 불구하고 즉시 회개했던 부분도 있다.

하지만 나는 다윗이 아둘람 굴로 몸을 피해 있을 때 그가 자신에게로 나온 "환난 당한 모든 자와 빚진 모든 자와 마음이 원통한 자"(삼상 22:2) 4백여 명을 거두었다는 것이다. 그래서 훗날 다윗이 이스라엘의 통일 왕으로 세워질 때 그들을 자신의 일등공신이며 충신들로 그 자리에 함께 세운 사건이다. 그렇다. 그는 '자신'만을 위해 사는 자가 아니라 '우리'를 품고 함께 설 수 있었던 사람이었다.

왕 되신 예수님의 가장 성경적인 예표가 바로 다윗이다. 왜 그럴까? 이스라엘 역사상 가장 위대한 왕이어서? 그럴 수도 있지만 다윗의 모습 안에 영원한 왕 되신 주님의 모습, 바로 가장 소외되고 가난하고 어려운 사람들과 고아와 과부를 품는 모습이 나타나기 때문이다.

내가 원하는 무언가를 이루려고 마음을 쏟기보다 내게 허락하신 '우리'를 온전히 세우는 기쁨이 더 큰 기쁨임을 경험하기 바란다. 결국 천국 갈 때 우리가 가지고 갈 것은 큰 사역이나 건물이나 업적이 아니라 바로 사람일 것이다.

16

동역자를 만나다

내 믿음의 스승과 선배들

CG선교회를 섬기면서 나는 많은 것들을 배웠다. 어떻게 동역자들과 함께 조화를 이루는지, 학생들을 진실함으로 대한다는 것이 무엇인지….

그러나 결정적인 순간에 리더는 늘 혼자다. 결국 주님과 '쇼부'勝負를 봐야 한다. 홀로 모든 어젠다agenda를 가지고 주님 앞에 나아가 씨름해야 한다. 그런 면에서 리더는 때로 외롭다. 자신에게 맡겨진 직접적인 사역과 상관없이 마음을 터놓을 누군가가 필요하고, 자신의 부족함을 성숙하게 조언하고 인도해줄 영적 선배들이 필요할 때가 있다.

그런 면에서 본다면 하나님께서는 나에게 때에 따라 꼭 필요한 믿음의 스승과 선배들을 인도해주셨다. 내 청년의 때에 나를 믿고 선교사로 보내주신 워싱턴 지구촌교회의 김만풍 목사님, 아무것도 모르고 일본에 온 청년을 선교사로 받아주고 격려해주신, 이제는 고인故人이 되신 김옥희 선교사님, 새로 선교 단체를 세우고 맨바닥에 헤딩할 때 나와 함께 옆에 서준 친구 전상훈 선교사님. 또 우리 단체와 나를 품어주시고, 교회 사역과 상관이 없는데도 교회의 모든 시설을 사용하고 성도들에게 도움을 받도록 해주신 빌립보교회의 송영선 목사님, 내가 가장 외로울 때 중국, 일본, 주변 나라들을 섬기고 한국에 들를 때 시간을 내주고 힘을 실어준 주비전교회의 김대원 목사님. 그리고 누구보다도 CG선교회가 잘 세워지도록 제 팔과 다리가 되어주셨던 노승희 선교사님(구멍가게 같은 작은 단체의 간사에서 지금은 큰 단체의 미주 대표가 되셨다).

BT 그룹 동역자들

무엇보다 나에게 가장 크고 축복된 만남은 지금 함께 동역하고 있는 형제와 같은 BT(BreakThrough) 그룹의 동역자들이다. 나름 각자 교회와 공동체에서 난다 긴다 하는 분들인데도 모든 개인적인 어젠다를 내려놓고 '다음세대'와 '선교'라는 공통된 목적을 위해 성령이 확증을 주시고 인도해주시면 무조건 달려가는 동역자들이다.

다들 개성이 강하고 사역의 경험도 풍성하다. 그럼에도 불구하고 연합하여 사역을 감당할 수 있는 이유는 어느 누구 하나 사역에 대해 욕심을 내거나 자기 개인의 어젠다를 주장하지 않기 때문이다. 아무도 연합하여 이룬 사역의 주인이라고 주장하지 않는다. 함께 연합하여 세운 사역은 몇 년이 지나 현지 교회 연합 공동체에 넘겨서 그들 스스로 할 수 있도록 해주고 우리는 다시 새로운 인도하심을 좇아간다.

특별히 제일 큰 형님이 되시는 《데스티니》(규장)의 저자 고성준 목사님은 유비 같은 분이다. 후배 동역자들을 모두 품고 아우르신다. 내가 생각하기에 겸손할 수 없는 모든 탁월한 조건을 가지고 있는데도 가장 겸손한 분이다. 서울대 출신에 국비유학생으로 미국 버클리대에서 수학 박사를 하고 돌아와 주님의 강권하심으로 개척교회를 맡아 성장시킨 교회는 말이 교회지 선교 단체에 교회라는 옷을 입힌 선교적 공동체다.

동역은 단순히 어젠다와 목표가 맞는다고 이루어지는 것은 아니다. 그전에도 나는 개인적으로 동역과 연합을 위한 많은 노력과 시도를 해보았지만 결과는 실패였다. 물론 주요인은 그렇게 하려고 한 나의 미성숙함에 있음을 고백한다.

동역에는 반드시 그 동역을 아우르는 키퍼슨key person이 있어야 하고 그 동역을 지지하시는 하나님의 인도하심, 다른 말로 비전이 있어야 한다. 키퍼슨은 인품과 덕으로 함께하는 동역자들을 품는 사람이어야 하며, 모든 동역자 한 사람 한 사람이 주님으로부터 오는 분명한 비전, 분명한 확신을 가지고 있어야 한다.

그러나 이 모든 것보다 본질적으로 더 중요한 것은 주님 안에서 언약적 관계로서 형제됨에 대한 확신이 있어야 한다는 것이다. 사실 이 '형제됨'을 구체적으로 설명하기는 쉽지 않다. 나의 경우 주님의 인도하심을 좇아 함께하다보니 어느새 이 관계 안으로 들어와버렸다. 굳이 설명하자면, 우리는 사역보다도 함께하는 교제에 더 큰 의미를 두었던 것 같다.

하나님의 어젠다에 주목하라

BT 그룹 동역자들은 현재 중동과 유럽의 난민에 대한 인도하심으로 그들을 구체적으로 섬길 수 있는 다양한 방법을 모색하고 있다. 하나님께서 이 시대 교회들에게 그들을 주목하도록 물밑에서부터 그들을 드러내신다고 믿고 있기 때문이다.

사역에서 중요한 한 가지는 우리가 하고자 하는 사역 또는 우리가 필요하다고 여기는 사역을 하나님께 도와달라고 요청하는 것이 아니라 하나님이 우리에게 요청하시는 사역에 우리가 동참하는 것이라고 믿는다.

시대를 분별하는 것은 이 시대 하나님의 주요 어젠다가 무엇이며 어떻게 지금 내가 있는 자리에서 내게 주어진 역량과 상황 가운데 하나님의 요청 앞에 반응할 것인가에 대한 문제라고 믿는다. 하나님의 의중을 알고 섬기는 자가 지혜롭고 충성스러운 종이 되는 것이다. 그 일을 홀로 감당할 수 없기에 하나님은 당신의 종들을 연합시키신다. 하나님의 어젠다를 감당하도록 성령을 통하여 당신의 사람들을 연결하여 동역하도록 하신다.

죄송하지만 나의 이 표현을 용서해주기 바란다. 자기들의 어젠다를 위해 모여놓고 하나님께 역사해달라고 요청하는 것은 좀 아니지 않은가.

"주님! 우리가 주님을 위해 이 일을 하려고 모였습니다. 역사해주십시오."

그럴 때 주님의 세미한 음성이 들려온다.

"누구세요?"

그 날에 많은 사람이 나더러 이르되
주여 주여 우리가 주의 이름으로 선지자 노릇 하며
주의 이름으로 귀신을 쫓아내며
주의 이름으로 많은 권능을 행하지 아니하였나이까 하리니

마태복음 7:22

맞다. 일은 겁나게 많이 하고 열심을 내어 나름대로 이룬 것들도

있다. 그러나 주님이 말씀하신다.

그때에 내가 그들에게 밝히 말하되
내가 너희를 도무지 알지 못하니 불법을 행하는 자들아
내게서 떠나가라 하리라

마태복음 7:23

왜 그런가? 그 대답 역시 주님이 친히 하신다.

그러므로 누구든지 나의 이 말을 듣고 행하는 자는…

마태복음 7:24

우리는 이 말씀을 실천을 강조하는 본문으로 많이 알고 있다. 물론 실천을 강조하는 말씀도 맞다. 그러나 좀 더 자세히 보면 실천할 것에 대해서만 말씀하는 것이 아니다. 앞서 언급한 사람들이 실행하지 않았는가? 실행했다. 선지자 노릇도 하고 귀신도 쫓아내고 권능도 행했다. 그것도 주님의 이름으로 했다. 그런데 뭐가 잘못된 것인가?

"누구든지 나의 이 말을 '듣고' 그리고 '행하는 자'는…"이다. 이것은 행함만을 강조하는 것이 아니라 먼저는 내 말을 듣고 들은 그것을 그대로 행함을 강조한다. 말씀을 듣고 안하는 것도 문제고, 말씀을 듣지 않고 자기 마음대로 하는 것도 문제다.

우리는 이 시대 가운데 하나님이 말씀하시는 그분의 음성, 그분의 의중을 '듣고' 그 말씀을 좇아 행해야 한다. 그 일을 감당하기 위해 하나님은 성령을 통해 당신의 사람들을 연결하신다. 이것을 '거룩한 연결'Divine Connection이라고 부른다. 이때 진짜 동역이 이루어진다. 우리의 어젠다로 모인다면 그것은 '동아리'일 뿐이다.

시대적 부르심에 응답하라

BT 사역자들은 모일 때마다 주님이 각자에게 주신 최근의 마음을 함께 나눈다. 이를 경청하며 서로서로 인도하심에 대한 확인을 받는다. 그러면서 그 인도하심에 대한 각 공동체의 구체적인 인도하심을 인정한다. 강요하지 않는다. 나누고 기다리며 인정해주는 가운데 성령님이 역사하신다.

지금은 공통적으로 함께 난민을 바라보고 있다. 교회는 지금 1,400년 만에 복음의 문이 열린 이슬람 난민들을 보고 있다. 오래 전 아프가니스탄 문제가 교회에 알려졌을 때 아무도 반응하지 않은 결과 탈레반이 나오고 이라크의 고아들을 통해 IS(Islamic State)가 나왔다. 이제는 그들과 비교할 수 없는 대략 4,500만 명의 난민들이 중동 전역에서 흩어져 나왔는데, 지금의 교회가 만일 이들을 위해 아무 행동도 하지 않으면 그다음에 과연 무엇이 나올까?

지구촌 곳곳에서 각자 그 부르심을 좇아 하나님나라 복음 전파를 위해 수고하시는 많은 선교사님들이 다 난민 사역을 해야 하는 것은 아니다. 이 사역을 하지 않는다고 해서 중요한 사역을 안 하고 있는 것도 결단코 아니다. 결국은 각 개인과 각 공동체의 부르심이라고 믿기 때문이다.

그러나 하나님이 지금 이 시대에 작정하고 드러내시는 주요한 일은 있다고 믿는다. 성경에서 그랬고 시대적으로도 늘 그래왔다. 지금이라도 이 시대적 부르심에 반응하는 개인과 공동체가 더 많이 일어나기를 소원한다.

ALL IN

PART 5

돌파

네게 없는 한 가지

성령의 역사를 경험하고 싶다!

이 동역이 깊어지기 전 나는 1997년 1월 일본 선교로 시작한 사역을
한 번도 내려놓거나 쉬지 못한 채 미친 듯이 달려왔다. 그러면서 어
느덧 내 입에서 떠나지 않고 반복되던 말이 한마디 있었다.

"아, 쉬고 싶다!"

흔히 말하는 번아웃burn out 초기 증상이었다. 그도 그럴 것이 사
실 그동안의 사역을 돌아보면 인간적인 힘으로 할 수 있는 모든 것
을 동원하여 몸부림쳐왔기 때문에 어느덧 고갈 직전까지 온 것이다.
그때 선교회의 간사들이 입만 열면 "힘드네", "죽겠네", "쉬고 싶네"
하는 나를 불쌍히 여겨 안식년으로 몇 개월 쉴 수 있도록 배려해주
었다.

그렇게 떠날 때를 정해놓은 나는 두 가지 기도 제목을 품고 있었다. 내가 몸담았던 워싱턴 지구촌교회나 나의 신학적 배경은 미국 남침례교단 소속으로 말씀 선포와 성경 공부를 매우 중요하게 여기는, 미국 내에서도 가장 보수적인 교단이었다. 자연스럽게 초자연적인 성령의 역사나 방언과는 거리가 멀다. 물론 나는 개인적으로 선교 현장에서 기도하는 가운데 성령의 역사에 대한 여러 경험이 있고 하나님의 음성과 인도하심을 받는 부분에 열려 있었다.

그렇지만 여전히 성령 하나님의 역사에 대한 이해가 부족했다. 그런데 오랜 기도를 통한 체험적 사건들뿐만 아니라 수련회나 특별한 사역의 현장에서 아이들에게 방언이 터지고 그들이 초자연적인 경험을 하는 것을 보며 어느덧 성령의 역사에 대해 더 마음이 열리기 시작했다. 여전히 반신반의하는가 하면 막연하게나마 가능하다면 나도 방언과 기름부으심을 경험하고 싶다는 소망이 생겼다.

기름부으심과 방언 체험

그런데 내가 살던 지역에 YWAM 베이스가 생겼고 거기서 화요 모임을 한다는 말을 듣게 되었다. 어떤 정확한 이해에서 나온 것은 아니지만 어느덧 내 안에는 내가 섬기는 CG선교회가 CCC의 '전도'와 YWAM의 '성령의 기름부으심'과 IVF의 '말씀'의 깊이를 두루 갖춘 단체가 되면 좋겠다는 생각이 있었다.

목마른 사람이 우물을 판다고 수소문 끝에 나는 그곳을 찾아갔다. 그러나 화요 모임이 열린다는 장소의 문을 열고 들어서는 순간 나는 "아차" 싶었다. 뭐라 표현할 수 없는 썰렁함이 밀려왔기 때문이다. 나름 화요 모임이라고 해서 왔는데, 인도자는 기타 하나, 피아노 반주 하나에 모임에 온 사람은 두 명, 그것도 나를 포함해서….

어떻게 2시간을 보낼지 암담해서 의자에 어정쩡히 앉아 기도를 하는 둥 마는 둥 하고 있는데, 그날도 내가 부인할 수 없는 너무나 명확한 주님의 음성이 내 안에서 들려왔다. 사실 이런 것 자체가 침례교단과 전혀 맞지 않는 현상이라고 할 수 있다. 그러나 가장 대표적인 남침례회 출신 목사님인 헨리 T. 블랙가비는 《하나님을 경험하는 삶》(요단, 2006)의 저자로 하나님의 음성을 듣는 삶에 대해 누구보다 중요하게 강조했다. 아무튼 부인할 수 없는 주님의 음성이 그때 내 심령 가운데 임한 것이다.

"너에게 없는 한 가지가 저들에게 있다."

그 순간 나는 그것이 무엇인지 알았고 내게 꼭 필요한 것임을 감지하고 바닥에 무릎을 꿇었다. 그리고 간절히 간구했다.

"주님, 그것을 저에게 주십시오. 간절히 원합니다. 저는 더 이상 이렇게는 사역하지 못하겠습니다. 사람의 힘과 노력이 아닌 성령의 기름부으심으로 감당하는 시즌으로 제가 들어가기를 원합니다."

무릎을 꿇고 간절히 기도하는 사이 어느덧 찬양을 마치고 말씀이 선포되고 모임을 마치는 시간이 되었다. 그러나 놀라운 일은 내게 아무 일도 일어나지 않았다는 것이다. 뭔가 위로부터 강력한 것이 부어지거나 마음이 터질 듯 뜨거워져서 주체할 수 없다거나 놀라운 성령의 터치로 기절한다던가 하는 일이 전혀 없이 나는 아주 생생한 맨 정신으로 돌아왔다.

돌아오는 길에 허무함이 몰려왔다.

"아! 나는 안 되나….."

그리고 다음날, 나는 역시 맨 정신으로 당시 내가 협동목사로 있던 빌립보교회의 개인 기도실에 들어가 늘 하던 대로 기도하기 시작했다. 그런데 분명히 우리말로 시작한 기도가 갑자기 이상한 말로 변하는 것을 경험했다. 순간 너무 놀란 나머지 "이게 뭐지?" 하고 다시 기도하기 시작하는데 우리말로 몇 마디 기도를 하자마자 다시 이상한 말로 바뀌는 것이었다.

"자꾸 왜 이러지?"

그만큼이나 나는 이해가 부족했다. 결국 기도 중에 방언은 나의 의지를 초월하여 나를 사로잡았고 말 그대로 나는 기도 가운데 위로부터 강력하게 임하는 무언가를 체험했다. 얼마나 오래 그곳에 머물러 기도했는지 기억나지 않지만 그 경험은 신학적으로 뭐라 말하고 어떻게 설명하더라도 내게는 실제였다.

점심 후 총 간사님과 나머지 간사님들이 일 때문에 자리를 비우고 인턴 간사 두 명과 미팅을 하는데, 특별한 인도하심이 있어서 교제하던 인턴 간사 두 사람에게 안수하고 기도했는데 두 사람에게 동일한 사건이 터졌다. 그 후 일어난 일들에 대해서는 뭐라고 설명하기 어렵다. 나중에 이것이 기름부으심이라는 것과 결국 그렇게 원했지만 받지 못했던 방언을 받게 된 것을 알았다. 사실 이전에 집회나 특별한 모임 때마다 곧잘 이미 받았다고 하는 말을 듣곤 했다. 그러나 정작 내 입에서 나오지 않아 오히려 더 답답해하고 가끔은 짜증을 내기도 했다.

"내 입에서 나와야 하는 거지!"

다양한 성령의 역사를 제한하지 마라

그런데 이 사건 이후 내게 의문이 생겼다. "기름부으심도 경험하고 방언도 받았는데 안식년을 가야 하나?" 하는 것이었다.

나중에 알게 된 사실이지만 그 안식년 6개월은 나를 위한 것이 아니라 아내를 위한 것이었다. 미안하게도 아내에게 정말 안식년이 필요하고 회복이 필요했던 것이다. 독립군 같은 나 때문에 두 아들 키우랴, 그 많은 학생들을 훈련 때마다 밥해 먹이랴, 툭하면 집으로 들이닥치는 학생들을 위해 30분 만에 2,30명 분의 음식을 만들어내야 했던 아내의 수고를 나는 한 번도 돌아봐주지 못했다.

그러다가 6개월의 안식년이 끝나갈 때쯤 결국 아내 안에 쌓였던 것이 터져버렸다. 사실 아내도 자신의 상태가 그 정도였는지 몰랐다고 한다. 그러나 이해력이 너무 부족한 남편이었던 나는 "아니, 터지려면 초반에 터져야지, 이제 다 끝나고 돌아가서 다시 사역을 시작해야 하는데 지금 터지면 어쩌자는 거야"라고 푸념을 늘어놓고 말았다. 누구 말처럼 '아, 내가 죽어야지, 이런 것도 남편이라고⋯' 이렇게 스스로 답답해하고 어려워할 때 성령님의 세미한 음성이 마음 가운데 들려왔다.

"다시 시작하면 되지!"

진리는 복잡하게 그리고 너무 장황하게 다가오지 않는 듯하다. 아주 단순하고 쉽게 깨닫게 된다. 나는 아내에게 다가가 손을 잡고 너무 미안하다고 사과했다. 그리고 이제부터 다시 시작하자고 했다. 그러나 그때 나는 다시 시작한다는 것이 정확히 무슨 의미인지 몰랐다. 내 수준으로는 "이제부터 좀 더 잘 해줘야지" 하는 정도였다.

성령의 역사와 방언에 대한 다양한 신학적 견해와 이해가 있다는 것을 나도 잘 안다. 사실 내가 그 분야에 전문가는 아니라서 조심스럽다. 그러나 내가 나의 신학적 배경에서 배운 말씀을 근거로 한 이해로는 성령의 역사가 멈출 것이라든지 방언이 없어질 것이라는 구약적 예언 또는 신약의 구체적인 말씀이나 사건을 찾아보지 못했다. 물론 그런 신학에 대해서는 들었지만 말씀으로 돌아가 그것을 뒷받침하는 구절을 보지는 못했다는 것이다.

성령님이 임하시는 역사가 너무 중요해서 구약 곳곳에 수없이 예언되었고, 신약 시대에는 그 예언의 말씀대로 성령님이 임하셨다. 그 렇다면 이 엄청난 역사가 어떤 이유로든 중간에 멈추게 된다는 것 또한 상식적으로 얼마나 중요한 사건인가? 그런데 구약에는 시작된 성령의 역사가 중간에 멈출 것이라는 예언이 단 한 구절도 없다. 물론 신약에도 그런 말씀이 없다.

무분별한 성령의 역사와 방언에 대한 지나친 강조나 확대 해석이 종종 문제가 되는 것을 알고 있다. 하지만 그렇다고 성경에서 명확히 언급하고 있는 역사 자체를 없는 것으로 한다면 그것은 또 다른 잘못이다.

내 아내는 좀 특이한 방언을 한다. 어떤 분은 구체적인 언어가 아닌 방언은 가짜라고 하는데, 놀랍게도 아내는 중국 선교사님들과 함께 기도할 때 중국어로 방언을 한다. 본인은 물론 나를 포함해서 모두가 놀랐다. 아내는 중국어를 배운 적이 없고 나처럼 중국 무술 영화를 사랑하지도 않는다. 중국어를 접할 기회가 전무했다.

나도 아내도 방언을 한다. 중국어로도 하고 이해할 수 없는 소리로도 방언을 한다. 그에 따른 다양한 성령의 체험들을 나는 말씀을 근거로 늘 돌아본다. 그러나 제한하거나 부정하지 않는다. 지금도 이 부분은 진행 중이다.

조심스럽지만 내가 분명히 나눌 수 있는 것은 우리 중 어느 누구도 성령의 다양한 역사를 다 이해하거나 정립할 수 있는 사람은 없을 듯하다는 점이다.

18

메릴랜드를 떠나다

떠나라!

6개월 안식년 기간 동안 자리를 비웠다가 돌아와보니 CG선교회가 그야말로 난장판이고 말이 아니게 되었더라면 나의 존재감이 매우 올라갔으련만, 내가 없음에도 불구하고 선교회는 아주 잘 돌아가고 있었다. 훌륭한 총 간사님께서 나머지 간사들과 함께 나보다 더 사역을 잘 이루고 계셨다.

'어라! 어디 얼마나 잘 하는지 좀 보자.'

나는 속으로 감사하면서도 한편으로 조금은 서운한 마음으로 몇 달간 일부러 뒤로 물러나 하는 것들을 지켜봤다. 그랬더니 정말 잘 했다. 이쯤해서 질문을 드리자면, 한 단체의 리더가 아무것도 안해도 그 단체가 잘 굴러간다면 더 이상 그 리더가 필요한가, 안 필요한가? 내가 좀 무식하고 단순해도 이런 원리는 꽤 빨리 파악하는 편이다.

그래서 나는 이 문제를 놓고 심각하게 기도하기 시작했고 아내에게도 함께 기도해주기를 요청했다. 나는 늘 중요한 사항이 있으면 먼저 주님께 기도한다. 그리고 그다음은 하나님의 특별한 인도하심을 구한다. 그중 가장 먼저 말씀을 통해 확증해주시기를 늘 구한다. 그러던 중 나는 늘 하던 대로 큐티집 본문을 좇아 말씀을 묵상하기 위해 성경을 폈다. 그때 하나님의 말씀이 내 심령 가운데 임했다.

> 너는 너의 고향과 친척과 아버지의 집을 떠나
>
> 내가 네게 보여줄 땅으로 가라
>
> 창세기 12:1

다시 말하지만 하나님의 인도하심을 구하기 위해 이 말씀을 편 것이 아니라 25살 때부터 습관을 따라 해온 큐티 순서에 따라 묵상할 그날의 본문을 펼친 것뿐이다. 놀라운 것은 많은 경우 간절히 기도하며 주님의 인도하심을 구할 때 주님은 정해진 순서를 따라 묵상하는 말씀을 통해 내게 말씀하신다는 것이다.

"너의 고향과 친척과 아버지의 집을 떠나…."

곧이어 함께 기도 제목을 나누는 중보기도팀들로부터 동일한 인도하심에 대한 확증이 있었고 마지막으로 아내 또한 동일한 응답을 받았다. 나는 "더 이상 아무것도 하지 않아도 모든 것이 될 때"가 가장 위험하다고 들은 말씀이 다시 한번 떠올랐고, "아, 이제 떠날 때가 되었구나"라고 결론을 내리게 되었다.

내가 살던 메릴랜드는 나에게 고향과 같은 곳이었다. 한국을 떠나 미국에 온 뒤 일본 선교 차 비운 2년을 제외한 나머지 23년을 살았던 곳이다. 내가 교회라는 곳을 처음 접하고 믿음생활을 처음 시작하고 사역을 처음 시작하고 선교 단체를 처음 세운 곳도 메릴랜드다. 그러니까 내게 '나'라는 사람이 있기까지 그 뿌리가 만들어진 곳인데 이제 그곳을 떠날 때가 된 것이다.

주님이 보여주신 땅

다음 단계로의 좀 더 구체적인 인도하심을 위해 간구하던 중 나는 이미 예비하신 새로운 이전 장소를 깨닫게 되었다. 오래전 CG 사역이 확장되면서 4년간 매주 뉴욕을 왔다 갔다 하며 사역한 적이 있었다. 비행기 또는 버스나 기차로 갈 때도 있었지만, 대부분 4시간씩 직접 운전해서 매주 메릴랜드에서 뉴욕을 오가곤 했다. 그러다가 하루는 돌아오는 길에 졸다 깨어났는데 거기까지 어떻게 운전을 했는지 전혀 기억이 나지 않았다. 순간 당혹스럽고 너무 두렵기도 해서 심각하게 주님 앞에 기도하기 시작했다.

"주님, 제가 계속해서 뉴욕을 오가며 사역해야 한다면 한 번만 더 확증을 나타내주십시오. 그렇지 않으면 내려놓아야겠습니다."

일정한 기간을 정하고 심각하게 기도했지만 주님으로부터 특별한 인도하심이나 말씀이 없어서 결국 내려놓았던 기억이 있는데 주님은 내게 그 곳 뉴욕, 뉴저지로 다시 가라는 강한 부담을 주셨다. 결국 CG선교회를 함께 섬기던 노승희 간사님에게 위임하고 23년간의 메릴랜드의 삶을 정리하여 그곳을 떠나게 되었다.

마침 당시 1,2년간 중단기로 섬기게 될 선교사를 훈련하는 과정 (DSM)이 고성준 목사님이 섬기시는 수원 하나교회에서 진행되고 있었다. 나는 시간이 맞아 CG선교회 8명의 훈련생들과 함께 참여하게 되었다. 나는 고 목사님과 중단기 선교 전략과 협력에 대해 구체적으로 나누는 한편, 8명의 훈련생들에게는 DSM 과정에 참여하면서 함께 협력하는 사역에 대해 기도하고 나름대로 평가도 해보라고 했다.

훈련이 중간쯤 접어들 무렵 CG 훈련생 모두 "저희가 하던 훈련과 거의 같은데요. 너무 좋아요, 목사님"이라고 하는 것이었다. 그 후 고 목사님도 나도, 그리고 훈련생 모두 부인할 수 없는 주님의 인도 하심과 확신을 갖게 되면서 그때부터 한국에서 진행되는 DSM 훈련과 CG선교회의 중단기 선교사 훈련을 연합하여 실시하게 되었다. 사실 고 목사님과 수원 하나교회가 주축이 되고 나는 강의와 동원을 맡아 몸으로 때우는 정도이다.

동일한 기간 나는 뉴욕 뉴저지 지역에서 집회와 청년 수련회를 인

도하며 가까워진 마이클 집사라는 친구에게 전후 설명과 함께 하나
님께서 예비하신 장소가 있을 테니 발견하면 알려달라고 말해둔 터
였다. 쉽게 말해 몇 달 후면 돌아가야 할 뉴저지나 뉴욕 지역에 아직
구체적인 사역지조차 정하지 않은 상태에서 한국에 온 것이다. 그러
나 내가 무모한 모험을 한 것은 아니다. 하나님이 뉴욕과 뉴저지 지
역으로 인도하신 것이 맞는다면 예비하신 곳이 반드시 있을 거라 믿
었기 때문이다.

그렇게 한국에서 지내던 어느 날 마이클 집사로부터 연락이 왔다.

"목사님! 이건 기적입니다. 이런 가격에 이런 장소가 있을 수 없는
데, 마침 나왔습니다."

할렐루야!! 하나님은 완전하시다. 순종하며 나아갈 때 때로 고난
도 있지만 하나님은 결국 완전한 그분의 예비하심으로 우리를 인도
하신다.

주님의 인도하심을 받으라

사역자가 한 사역지를 떠날 것인가 말 것인가, 그리고 어디로 새
롭게 가야 할 것인가를 결정하는 것은 매우 중요한 사항이다. 지금
은 주님 품에 안기셨지만 아내와 결혼하던 해 장인 어르신인 국동출
목사님이 지나온 당신의 사역을 나눠주시며 내게 유언과 같이 남기

신 말씀이 있었다.

"사역자가 사역지를 옮길 때는 반드시 응답을 받고 움직여야 한다. 나는 교만했었다. 하나님의 뜻이 아니었는데 그때는 다 되는 줄 알고 내 인간적인 생각을 앞세웠다."

그 후 장인어른에 대해서 의외로 많은 사역자들을 통해 이야기를 듣게 되었다. 참 대단한 분이셨다고 한다. 그런데 남들이 다 말리는데도 불구하고 고향 복음화를 이루고 부모님을 주께로 인도하겠다고 대구에서 부산으로 내려가 사역하셨다고 한다. 물론 인간적으로는 귀한 동기였을지 몰라도 주님의 인도하심이 아니었음을 고백하신 것이다.

두 가지만큼은 분명하다. 지금 내가 섬기는 자리에서 나를 더 이상 필요로 하지 않는다면, 내가 아무것도 하지 않아도 모든 일이 자연스럽게 되어진다면 떠날 때가 되었음을 전제로 진지하게 기도해야 한다. 또 새로운 인도하심을 위해 환경적 요인이나 조건뿐만 아니라 때로 우리 자신의 인간적으로 선한 동기마저 내려놓고 주님의 인도하심을 구체적으로 받아야 한다는 것이다.

인도하심을 모른다면 계속 머물며 지금 주어진 일에 집중하라. 새로운 인도하심이 있다면 비록 아무것도 보이지 않고 두렵더라도 그 인도하심을 좇아가야 한다.

한국에서 6개월을 보내고 나서 우리 가정은 뉴저지로 향했다. 도착해서 보게 된 집은 우리가 기대한 것보다 더 크고 좋았다. 집주인이신 집사님이 매우 헌신된 분으로 오랫동안 그 집을 선교센터와 같이 사용할 수 있도록 싼 가격에 배려해주신 것이다. 마침 이전에 머물던 분들이 나가고 우리가 새롭게 들어가게 되어 하나님의 예비하심을 경험하게 되었다.

주님, 어디로 가야 하나요?

그러나 항상 그랬던 것은 아니다. 한 번은 새로운 처소로 이사를 가야 하는데 이사할 집을 미처 구하지 못했다. 잘 알다시피 우리 가정은 비정규적인 수입으로 살아가기 때문에 고정적인 수입을 증명할 방법이 없었다. 미국은 아파트 하나라도 렌트하려면 수입을 증명하거나 몇 달치 비용을 미리 내야만 하는데 우리는 형편상 둘 다 불가능했다.

집주인과 집을 비워주기로 한 날짜는 다가왔지만 그때까지도 이사할 집을 구하지 못한 나는 아버지께 간구했다.

"아버지, 그래도 제가 가장인데 가정의 처소는 준비할 수 있어야 하지 않겠습니까?"

아내와 나는 길거리에 수많은 집들을 보며 "아니, 집이 저렇게 많은데 우리가 갈 집 하나가 없네…" 하고 푸념하기도 했다.

이윽고 집을 비워줘야 하는 날이 되었다. 이삿짐센터에서 나온 분들이 부지런히 짐을 정리하고 있을 때에도 나는 전화기를 붙들고 주님으로부터 올 반전의 소식을 기대하며 끙끙거렸다.

그때 아내와 이삿짐센터 직원의 대화가 들려왔다.

"사모님, 이사 갈 집 주소 좀 주세요."

"아직 모르니 일단 짐부터 싸서 차에 실으세요."

"네? 아니 지금 가야 하는데 아직 모르면 어떻게 해요? 저희도 오후에는 다른 곳으로 출장을 나가야 해요."

"네. 걱정하지 마시고 일단 짐을 실으세요."

'사랑스럽고 담대한 우리 마누라… 남편 잘못 만나 가지고 마음고생이 이만저만이 아닌데, 우리 아버지는 대체 뭐하시는 거지? 왜 이렇게 아무 말씀이 없는 거야?' 하며 속으로 구시렁거리고 있는데 며칠 전 제자가 한 말이 떠올랐다. 워싱턴 지구촌교회 청년부 때 제자였던 부부가 있는데 늘 우리 가정을 후원하며 함께 기도해주는 가정이다. 우리 이야기를 다 듣더니 내게 이렇게 말했다.

"목사님, 뭘 걱정하세요? 가실 데가 없으면 그냥 저희 집으로 오세요."

이삿짐을 거의 다 실었을 때 나는 제자에게 전화를 걸었다.

"진희야, 너희 집으로 가야겠다. 자리 좀 비워주라."

"네, 목사님. 어서 오세요."

물론 이것이 주님의 최상의 인도하심이었을지 지금도 확실치 않다. 그러나 기대하는 것처럼 드라마틱한 역사가 항상 우리를 기다리는 것은 아니다. 그렇게 우리 가정은 제자의 집 방 한 칸에 들어가 1년을 함께 살았다.

나중에 함께 동역한 다른 사역자의 가정까지 합세하여 한 지붕 아래 세 가정이 모여서 함께 먹고 함께 기도하고 함께 예배하며 지냈다. 감사하게도 각 가정의 성숙함으로 그 시간이 참으로 귀하고 아름답게 채워진 것 같다. 매일 밤 또 새벽마다 일어나 함께 기도하고 찬양할 때 비슷한 또래 어린 자녀들의 거룩한 소동(?) 속에서도 우리는 서로 마음껏 축복하는 놀라운 시간을 가졌다.

아름다운 사역지도 거절하고

그런데 이번에는 그야말로 아름다운 시간차로 큰 어려움 없이 기대한 것보다 크고 좋은 집을 얻게 된 것이다. 또 내가 뉴저지로 이사한다는 소식이 나를 아는 몇몇 지체들에게 전해지자 자연스럽게 한 교회로부터 협동목사로 초청을 받게 되었다.

이곳에서 새롭게 사역을 시작한다고 하니 교회 청년 사역과 선교 사역만 조금씩 살펴달라는 요청이었다. 또 교회로부터 사례를 받으면 얽매이기 쉬우니 협동목사로 있되 우리 가정의 필요를 공급해주겠다고 하니 나로서는 그야말로 "할렐루야!"였다. 아무 연고지도 없던 내게 이제 막 성장하는 교회 청년들과 선교 사역을 섬기며 새로운 사역도 마음껏 할 수 있도록 배려해주신다니 내게 얼마나 감사한 제안인가? 일단 기도해보겠다고 말씀드렸지만 내 마음은 이미 그렇게 하리라 거의 결정한 상태였다.

아직 결정을 내리기 전이지만 그래도 교회는 가야겠기에 아주 자연스럽게 그 교회에 가게 되었다. 그런데 나를 알아본 몇몇 성도가 벌써부터 "목사님, 저희 교회로 오시기로 했다면서요"라고 하는 것이다. 나는 얼떨결에 "아 네…. 기도하고 있습니다"라고 답했지만 기도로 다시 인도하심을 구해야겠다는 마음이 들었다. 당시 우리 가정은 다른 지체들과 함께 살며 매일 기도회를 하고 있었다. 그런데 또 몇몇 청년들이 우리 집에서 하는 매일 기도회에 와도 되는지 묻는 것이 아닌가. 그때 나는 아차 싶어 좀 더 단호하게 말했다.

"아직 아무것도 결정된 것이 없어서 지금 너희가 기도회에 참석하는 것은 순서상 맞지 않는 것 같다. 결정되면 그때 오도록 하자."

이런 일련의 일들로 나는 이 문제에 대해 좀 더 심각하게 기도해야겠다는 마음이 들어 작정기도에 들어갔다. 결론은 그 교회에 가지 않는 것이었다. 사실 나는 너무 당혹스러웠다.

"아니 왜요?"

아무리 생각해도 가지 않아야 하는 이유를 알 수 없었다. 그러나 분명한 기도 응답을 들었는데 불순종할 수 없어 이러지도 저러지도 못하고 있을 때 결정적인 사건이 일어났다.

눈 폭풍으로 응답하신 주님

나는 시카고에 있는 무디 성경학교의 한국 학생 모임에 초청을 받게 되었다. 토요일 저녁 모임에서 말씀을 전해달라는 것이었다. 그런데 공교롭게도 협동목사를 제안해주신 목사님이 그다음 날인 주일에 사역 차 교회를 비우게 되어 내게 주일 설교를 요청하셨다. 물론 나는 흔쾌히 승낙하고(설령 그 교회에 가지 않게 되더라도 말씀은 충분히 전할 수 있다고 생각했다) 먼저 시카고로 향했다. 다음날 새벽 비행기를 타고 돌아오면 주일 말씀 사역을 섬길 수 있기 때문이다.

그때가 10월 말경이었다. 나는 시카고에서 토요일 저녁 모임에 말씀을 전한 뒤 학생 기숙사로 돌아와 여러 학생들과 교제하다가 막 잠자리에 들려고 했다. 그런데 한 학생이 자꾸 휴대폰을 보며 연신 고개를 갸웃거렸다.

"목사님, 좀 이상한데요?"

"뭐가?"

"오늘 밤부터 눈 폭풍이래요. 어쩌면 내일 공항이 폐쇄될지도 모른다는데요?"

"에이, 설마? 지금이 10월 말인데…."

나는 잠이 들었고 새벽에 일어났다. 마침내 그날 아침에 공항은 폐쇄되었고 결국 나는 주일 설교를 하지 못하게 되었다. 주님의 인도하심에 대한 최후 확정이었다. 10월 말에 눈이 이렇게나 많이 온 것은 거의 100년 만에 일어난 일이라는 뉴스를 들었다. 나를 향한 인도하심을 확증하시기 위해 10월 말 눈으로 응답해주신 주님을 찬양한다.

우리는 당연한 일 또는 마땅한 요청에 대해 심각하게 생각하거나 기도해보지 않고 무심히 응답하는 경우가 종종 있다. 아주 가끔은 나도 그럴 때가 있다. 그러나 할 수만 있으면 주님의 인도하심을 한 발짝 한 발짝 확인하고 좇아가는 태도를 갖고자 노력한다. 이런 태도가 주님의 주권을 인정해드리는 믿음의 행위라고 믿기 때문이다. 우리가 정말 주님의 인도하심을 구하며 인내하고 기다릴 수만 있다면 그분은 우리의 상상을 초월한 다양한 방법으로 우리에게 그분의 인도하심을 확정해주실 것이다. 물론 그 인도하심이 때로 우리가 기대한 모습과 다르고 우리가 원하는 것으로 응답되지 않더라도 우리는 주님의 선하심과 완전하심으로 인하여 그분을 신뢰할 수 있다.

한 가지는 분명하다. 나는 여전히 불완전한 존재로서 나를 향한 최선이 무엇인지 모른다. 그러면서도 지금 당장 내 눈에 보기에 좋은 것, 원하는 바를 요청할 때가 있다. 그러나 눈에 보이지 않지만 말씀만을 좇아간 아브라함의 삶과 눈에 보기에 좋았던 것을 좇아간 조카 롯의 삶의 결과를 우리가 너무나 잘 알고 있지 않은가!

내 양은 내 음성을 들으며 나는 그들을 알며 그들은 나를 따르느니라

요한복음 10:27

양인 우리가 주님을 따를 수 있는 길은 "내 음성을 들으며"라고 예수님이 직접 말씀하신다.

19

주님이 사랑하시는 교회

교회를 섬긴다는 것

결국 나는 그 교회로 가지 못했다. 우리 가정은 함께 살던 다른 지체들과 기도하면서 인도하심에 순종하여 가정에서 예배를 드리게 되었다. 사실 그때까지만 해도 그렇게 교회를 하리라고는 상상하지 못했다. 원래 CG선교회 사역을 뉴욕 뉴저지 지역에서 새롭게 개척하리라는 마음으로 왔기 때문이다.

그러나 가정에서 주일예배를 드리고 매일 함께 모여 기도회를 하는 가운데 나는 오랫동안 지역 교회를 개척하여 섬기시는 목사님들의 마음을 조금씩 배우게 되었다. 함께 지내던 지체들이 각자 부르심대로 선교를 떠나게 되어 이제는 두 명의 청년만이 교회에 남게 되었다. 그때에도 나는 요청받은 집회 차 또는 선교 동원을 위해 때로는 몇백 명 또는 천 명이 넘는 사람들 앞에서 말씀을 선포하고 섬기곤 했는데 사역을 마치고 돌아온 곳에서는 고작 두 명의 청년이 나를 기다리고 있었다.

어느새 주일이 되면 나는 아들 두 명과 1부 예배를 드리고, 청년 두 명과 함께 2부 예배를 드렸다. 6개월을 그렇게 지내는 동안 내 마음이 오죽했을까? 그런데 청년 두 명도 대단한 사람들이었다. 내가 설교를 하면 나도 절대 그냥 하지 않는다. 얼마나 부르짖으며 열변을 토하는지 모른다. 그런데 두 청년은 마치 절대 변하지 않기로 작심한 듯 요동치 않고 잠잠하다가 급기야 깊은 임재(?) 가운데 들어가기도 한다. 그렇게 시끄러운 내 설교를 바로 앞에서 들으면서 잠들 수 있다니 이것도 대단한 영성이다.

그때 나는 말 그대로 복장이 터졌다! 그러면서 너무 귀한 한 가지를 배웠다. '개척교회 목사님들의 마음이 이렇겠구나…' 하는 것이었다. 한 영혼에 대한 간절함이 얼마나 컸을까. 하다못해 지나가던 강아지라도 한 마리 들어왔으면 좋겠다 싶은 마음이었을 것이다. 그런 시간을 보내고 있을 때 제자인 재봉과 진희 가정이 선교를 결단한 뒤 집과 사업체를 처분하고 우리의 가정교회에 합류하여 선교를 준비하게 되었다. 나는 이 한 가정이 얼마나 귀하게 여겨졌는지 모른다.

어떻게 소식이 전해졌는지 몰라도 어느덧 우리 가정에서 드리는 예배에 2,30여 명의 사람들이 모이기 시작했다. 그중 한 여자 전도사님이 우리 가정의 이야기를 듣고 기도하시던 중 인도하심을 받아 예배에 오셨고 예배 후 함께 사역을 했으면 좋겠다는 제안을 하셨다. 그러나 이야기를 들어보니 함께하기 어렵다는 마음이 들었다. 연로한 은퇴 목사님께서 가지고 있던 교회 건물에 후임자를 세웠지만 모두 다 떠나고 마지막으로 이 여자 전도사님에게 교회를 맡아보라고 하셨는데 이분이 기도 중 내 이야기를 듣고 오셔서 함께하라는 인도하심을 받았다고 말씀하시는 것이다.

나는 이미 마음을 정했지만 예의상 기도해보겠다고 이야기했다. 그러다가 정말 기도하게 되었고 하나님이 주시는 감동이 있어서 그 교회에 직접 찾아가보기로 했다. 교회당 건물 안에 들어가 앉아서 기도하는데 순간 주님의 마음이 부어지며 주체할 수 없이 많은 눈물이 나서 당혹스러웠다. 그때 주님이 주신 몇 가지 음성이 있었다. 사람의 생각으로는 말이 안 되는 결정인데도 나는 함께 예배하던 지체들과 그 교회로 들어가게 되었다.

밤낮으로 기도하고 예배하다

함께한 지체들 중 몇몇은 새로운 인도하심을 좇아 떠나고 나는 남은 사람들과 그 교회에서 10개월을 함께 섬겼다. 10개월 만에 그 교회를 떠나게 되자 나는 너무 속상해서 주님께 하소연했다.

"이럴 줄 알고 아니라고 했는데 왜 들어가라고 하셨어요?"

그러자 주님은 이렇게 말씀하셨다.

"여기서 마음껏 기도하고 예배하고 나를 만났으면 충분하지 않니?"

맞는 말씀이었다. 그 교회를 섬기며 새벽예배, 정오 기도회, 때로는 밤을 새워 정말 원 없이 미국 동부와 뉴욕 맨해튼을 바라보며 기도했다. 매일 순번을 정해서 일본, 한국, 북한, 중국, 중동과 이스라엘을 위해 부르짖으며 기도했다. 성도 한 분 한 분에게 기도 인도를 담당시키며 그들을 중보기도자로 세우는 훈련을 했고 추운 겨울 새벽예배 때에는 담요를 뒤집어쓰고 기도하기도 했다(이민 교회가 재정적으로 넉넉하지 못하다보니 난방비 절감을 위해 조금 춥게 지내기도 한다).

한 번은 이런 일도 있었다. 다른 교회 성도인데 새벽에는 집에서 가까운 이 교회에 나와 새벽예배를 드리던 분이 계셨다. 그런데 한동안 새벽예배에 나오시다가 마음이 어려워져서 부사역자에게 이렇게 물었다고 한다.

"여기 혹시 이단이에요?"

"아니 왜 그러십니까?"

"아니 왜 목사님이 매일 새벽 기도할 때마다 왔다 갔다 걸어 다니면서 기도하고 빨간색 담요를 걸치고 기도하세요? 빨간색이 보혈을 의미하는 건가요?"

"글쎄요."

부사역자도 약간 당황하여 대답하지 못하고 우물쭈물 망설였다고 하면서 내게 이유를 묻기에 나는 나도 모르게 박장대소를 하고 말았다.

"왔다 갔다 하면서 기도하는 건 새벽에 기도하니까 졸려서 그런 거고, 담요를 덮은 것은 너무 추우니까. 담요가 빨간 것은 딱히 보혈의 의미가 아니라 마침 차에 있던 담요가 빨간색이었어요."

밤낮으로 쉬지 않고 부르짖어 기도하며 주님과 함께한 것만으로도 다른 많은 어려움을 감수하기에는 충분한 가치가 있었다. 주님의 계산은 늘 우리와 다른 것을 고백한다.

다시 하라!

교회를 나와서 나는 다시 선교 동원과 훈련 사역 차 떠나게 되었고 남은 분들은 그 당시 교제하던 대만의 펭 목사님 교회의 성경공부 교실에서 예배를 드렸다. 돌아와보니 비록 좁은 공간이지만 20명이 넘는 분들이 옹기종기 앉아 얼마나 뜨겁게 예배드리며 기도하던지 내 마음에 감사가 되었다. 그러나 예배를 마치고 났을 때 주시는 감동은 달랐다. 주님은 그들의 마음이 나뉘어 있다는 것을 알려주셨고 나는 그 점을 솔직히 말씀드렸다.

"여러분도 아시다시피 저는 원래 지역 교회를 하는 사람이 아닙니다. 선교 단체를 섬기고 사람들을 동원하고 훈련하여 선교 보내는 것이 저의 주 사역입니다. 그러니 미안해하지 마시고 혹 가실 곳이 있으신 분들은 편히 가세요."

그때까지만 해도 나는 개교회 사역은 정말 하지 않기를 원했기 때문이다. 그런데 놀라운 기적이 그다음 주에 일어났다. 다들 알아서 가시라고 하니까 정말 다 가고 함께 섬기던 김형준 목사님과 자매 한 명 그리고 집사님 두 분만 남게 된 것이다. 게다가 그날은 일이 생겨서 김 목사님과 자매는 못 나오고 집사님 두 분만 앉아 계셨다. 이건 무슨 코미디도 아니고….

그런데 더 놀라운 일이 일어났다. 순간 주님의 음성이 들려왔다.

"다시 하라."

"뭘요?"

너무 당혹스러워 나는 거의 대들 듯이 물었다.

"아니, 지금 이 상황에서 뭘 다시 합니까?"

그러나 주님의 음성은 분명했다. 이제 한마음이 되었으니 다시 하라는 말씀이었다. 이 기막히고 놀라운 주님의 인도하심을 도대체 어떻게 이해해야 할까? 솔직히 그 순간에 나는 도무지 이해가 되지 않았다. 정말 웬만하면 교회를 내려놓고 싶은 것이 내 솔직한 심정이었다. 그러나 주님의 말씀 앞에 순종하기로 결정하고 우리는 다시 우리 집에서 모여 예배를 드렸다. 물론 그 이유를 나중에 깨닫게 되었다. 이것이 주님의 신비가 아닌가 싶다.

우리가 주님의 인도하심을 받을 때 왜 주님은 우리 눈에 너무 말이 안 되고 터무니없는 요구를 하실까 싶지만, 사실 그분의 관점에서는 전혀 그렇지 않다. 우리는 그 순간만을 보지만 주님은 그 순간을 포함한 이전과 이후 모든 것을 함께 보고 계시기 때문이다. 알파와 오메가 되시는 하나님은 시작과 끝을 위한 모든 계획을 그 완전하심대로 이루신다. 그러나 우리는 순간만을 보기 때문에 주님께 "이건 말이 안 돼요! 왜 이러세요!"라고 하는 것이다. 이때 우리에게 필요한 것은 주님에 대한 가장 기본적인 이해와 믿음이다.

"주님은 선하시고 또한 완전하시다."

나는 왜 교회와 목회자를 사랑하는가?

그 당시 그 지역의 한 교회에 새로 부임해 오신 목사님 한 분이 있었는데, 가기로 한 교회에 약간의 어려움이 있어서 몇 주간 그 교회에 가지 못하고 우리와 함께 예배를 드리게 되었다. 그 후 그 교회에 부임하여 사역하시던 중 전교인 수련회 강사로 나를 초청해주셨다. 물어보니 찬양팀도 없고 중보기도 하실 만한 분도 없다고 해서 그럼 함께하자고 하고 다같이 수련회를 떠나게 되었다.

수련회가 무르익을 무렵 여러 성도들이 "목사님, 우리 그냥 합치면 안 돼요?"라고 했다. 사실 나는 참 단순한 사람이다. 그리고 웬만하면 교회는 안하고 싶어 하는 사람이다. 그래서 그만 "왜 안 돼요?"라고 맞장구를 쳤다. 주님께는 참 죄송하지만 이번에 교회를 정리하고 싶다는 것이 내 솔직한 심정이었다. 연약한 교회끼리 마음을 합해 함께 기도하며 인도하심을 받아 교회가 하나가 되면서 그 교회 목사님을 담임목사로, 나는 협동목사로, 우리 교회 부목사는 찬양과 청년부 목사로 섬기기로 하고 연합하게 되었다.

3년 반이라는 짧은 시간 동안 나는, 한 번도 안 해본 교회를 개척하고, 다른 교회와의 연합을 시도하다가 깨져보기도 하고, 그러고도 정신 못 차리고 다시 합치기도 했다. 그런데 이것이 맨 정신이면 되겠는가? 사실 나는 그렇게 연합된 교회의 지원 아래 협동목사로만 사역하기 원했지만 하나님의 계획은 전혀 달랐다는 것을 나중에 알게 되었다.

이 과정을 통해 나는 지역 교회를 개척하고 어떻게든 교회가 온전히 세워지기까지 수많은 목회자들의 수고와 헌신이 얼마나 귀한지, 또 얼마나 치열하게 사역하는지 조금이나마 알게 되었다. 메릴랜드에 있을 때 나는 철없이 "왜 지역 교회가 선교 안 해? 교회가 대체 뭐하고 있는 거야?"라는 식의 말로 너무 쉽게 많은 사람들의 마음을 어렵게 하고 아프게 했다. 지금은 지역 교회를 섬기시는 목사님들이 얼마나 존귀하신 분들인지 고백할 수 있다.

사람은 자신이 직접 경험해봐야 이해의 폭이 열린다. 참 연약하다. 너무 쉽게 그리고 아무런 배려 없이 그동안 내뱉었던 나의 무책

임한 말들을 회개한다. 이 땅 어디서든 주님의 부르심을 좇아 몸 된 교회를 세우기 위해 몸부림치시는 목사님들께 한 말씀을 올린다.

"모든 목사님들, 힘내십시오. 그리고 선교하시면 더 좋고요!"

부르심의 길

너는 뭐했니?

뉴저지에서 시작된 가정교회를 함께 섬기던 몇 가정이 모두 선교지로 떠난 뒤 두 명의 청년과 함께 가정집 지하에서 예배를 드리며 씨름할 당시 나는 BT라는 목회자 그룹과 동역하고 있었다. 기도하며 하나님이 주신 지역을 놓고 연합하여 영적 부흥을 위한 집회와 선교적 도전과 동원을 위해 섬기고 그 후에는 현지 교회 연합에 사역의 바통을 넘겨주는 사역을 감당한다.

이 사역을 함께 섬기는 고성준 목사님은 건강하고 선교적인 수원하나교회를 섬기고 있고, 김무열 선교사는 아가파오 미니스트리를 시작하여 매우 빠른 속도로 성장하고 있고, 조지훈 목사님이 섬기는 기쁨이있는교회는 수많은 청년들이 모이는 차세대 교회이며, 마지막으로 박주현 목사님은 BT 컨퍼런스를 감당하며 여러 민족의 목회자들이 함께 모이는 기도 모임을 주도하는 호주 히즈스토리교회를 섬기고 있다.

말 그대로 다들 건강하고 규모 있는 사역을 이루고 있는데 나는 그나마 하던 CG선교회 사역마저 넘기고 뉴저지로 왔지만 새로운 선교 사역은 시작도 하지 못한 채 청년 두 명과 겁나게 씨름하고 있을 때, 그해에도 호주에서 BT 집회와 선교 모임이 열렸다. 하나님의 은혜로 동역자들과 함께 집회를 섬기고 마지막 날 메시지를 선포한 뒤 나는 그 자리에 모인 분들을 선교 헌신에 초청하였다. 천여 명의 청년들 가운데 500여 명이 선교에 헌신하며 집회는 그야말로 놀라운 하나님의 역사와 은혜로 충만한 시간이었다.

사실 앞서 말한 뛰어난 동역자들이 집회 현장을 이미 완전히 뒤집어놓았기 때문에 마지막에 누가 도전하고 초청하더라도 그 결과는 놀라웠으리라 생각한다. 어쨌든 집회를 성공적으로 잘 섬기고 나서 미국으로 돌아온 다음날 시차 때문인지 일찍 깬 나는 지하로 내려가 집회를 무사히 마친 것과 놀라운 은혜에 감사하는 기도를 드렸다.

한참 기도하는데 나도 모르게 뭔가 허무함이 밀려오면서 분명 주님으로부터 온 것이 아닌 매우 불쾌한 음성이 치고 들어오는 것을 느꼈다.

"야, 그러면 뭐해? 넌 뭐가 있어? 지금 너를 봐."

"그렇게 사역한다고 난리 피웠지만 뭐가 남았냐?"

"너는 여태 뭐했니?"

사단이었다. 성령충만한 나라면 당연히 "사단아 물러가라" 했을 것 같은데 내 안에서 성령님이 역사하시기도 전에 나의 심령이 이 사단의 고소에 이렇게 화답하고 있었다.

"그러게…."

그 실패감, 무너져내리던 존재감은 이루 말로 표현할 수 없었다.

"그러게. 나는 여태 뭐했지…."

너의 부르심은 다르다

어두운 지하 방에 잠시 정적이 흐르며 나는 멍하니 그대로 앉아 있었다. 이윽고 정신이 들며 이래서는 안 되겠다 싶어 나는 염장을 지르는 사단을 잠깐 옆에 제쳐두고 하나님께 곧장 이 문제를 들고 나아갔다. 사랑하는 여러분, 영적인 결판은 사단하고 내는 것이 아니다. 모든 것을 주관하시고 역사하시는 아버지 하나님과 내야 한다.

"아버지! 지금 사단이 제 염장을 지르고 있습니다. 지금까지 제가 뭐했냐고 묻는데 아버지, 솔직히 할 말이 없습니다. 아버지, 저는 왜 이래야 합니까? 제가 지금 잘하고 있는 거 맞습니까?"

아버지 앞에 너무 속상하고 답답해서 말도 잘 나오지 않는데도 "아버지, 아버지" 하고 이름만 부르다 푸념이 나왔다.

"내가 게을렀습니까? 내가 불순종했나요? 내가 언제 내 것을 챙기기라도 했습니까? 그저 순종한다고, 열심히 한다고 했는데 결국 남는 것이라고는 아무것도 없습니다."

그때 아버지의 음성이 들려왔다.

"너의 부르심은 다르다. 너는 사람을 세우는 사람이다. 그 사람이 너의 사람이든 아니든 상관없이…."

부르심은 한 사람 한 사람을 향한 하나님의 구체적인 계획을 좇아 사는 것을 말한다. 우리 아버지 집에는 금그릇과 은그릇만 있는 것이 아니라 나무그릇과 질그릇도 있어서 그 필요대로 쓰임 받는다. 구체적인 부르심이 각각 다른 것이다. 나 자신을 아름답고 깨끗하게 준비하면 하나님은 나를 향한 그분의 완전하신 뜻대로 나를 통하여 그분 자신의 일을 이루실 것이다. 하나님은 말씀하시고 우리는 그 말씀에, 다만 오늘 하루 순종하며 한 발짝씩 앞으로 내딛는 것이다.

믿음의 조상 아브라함의 삶을 보라. 75세에 부르심을 받아 고향을 떠난 뒤 사고 쳐서 아들 하나 낳고, 약속의 말씀대로 둘째를 낳고 그 후에도 몇 명의 자녀를 더 낳고 나서 생을 마감한다. 믿음의 조상치고 큰 민족을 일으킨 적도 없고 놀라운 이적과 능력을 행했다는 기록도 없다. 애써 멋있게 꾸미려고 해도 꾸밀 밑천조차 없다.

그러나 그는 믿는 모든 자의 조상이 된다. 왜냐하면 그 부르심을 좇아 순종하며 살았기 때문이다. 놀라운 능력을 행하거나 큰 사역을 일으키는 것과 별 상관이 없었다. 바로 부르심이다. 우리는 그 부르심을 좇아 그분의 계획대로 순종하면 된다. 나머지 모든 평가와 결산은 그분이 하신다.

나의 싸움, 나의 달려갈 길

어느 날 홀로 주님 앞에 나아갈 때 하나님께서 내게 이런 확신을 주셨다. 부족하지만 나의 섬김을 통하여 열방 곳곳에서 도전받고 헌신한 사람들, 그들은 하나님나라의 확장을 위해 함께 섬기게 될 귀한 일꾼이며 동역자들이라는 사실이다. 내 것이 어디 있는가? 내 사역이 어디 있는가? 모두가 아버지의 사람들이고 아버지의 일로서 아버지께로 나아와 아버지께로 돌아가는 것이다.

> 이는 만물이 주에게서 나오고 주로 말미암고
> 주에게로 돌아감이라
> 그에게 영광이 세세에 있을지어다 아멘
> 로마서 11:36

놀랍게도 사도 바울은 평생 안디옥교회에서 사역을 시작하여 열방에 복음을 증거하고 제자들을 세웠지만 자기 것이라는 사역이나 사람들이 그리 많지 않았다. 그를 통해 세워진 제자들이 교회를 세우고 사역을 일으켰지만 그는 결국 열방의 몇몇 제자 외에 자기 교회라는 것도, 자기 사역이라는 것도, 그의 제자라고 따르는 무리도 없이 로마 감옥에서 생을 마감했다.

그의 고백을 들어보자.

전제와 같이 내가 벌써 부어지고 나의 떠날 시각이 가까웠도다

나는 선한 싸움을 싸우고 나의 달려갈 길을 마치고 믿음을 지켰으니

이제 후로는 나를 위하여 의의 면류관이 예비되었으므로

주 곧 의로우신 재판장이 그 날에 내게 주실 것이며

내게만 아니라 주의 나타나심을 사모하는 모든 자에게도니라

디모데후서 4:6-8

"나는 나의 싸움을 싸우고 나의 달려갈 길을 마쳤다!"

이것이 바울의 고백이다. 주님이 내게 허락하신 삶에서 내가 감당해야 할 나의 믿음의 싸움을 감당하며 내게 허락하신 나의 달려갈 부르심의 그 길을 나는 오늘도 마치고자 뛰어간다. 그러면 그분이 그 마지막 길에 서서 나를 반겨주실 것이다.

모든 영광과 존귀와 찬송을 주님께!!

ALL IN

PART 6

히네니

21

한중일이 열리다

한국? 중국? 일본?

우리 가정을 뉴저지와 뉴욕 지역으로 인도하신 데는 하나님의 '한수'가 있었다. 다만 우리가 몰랐을 뿐이다.

2011년 8월 말에 도착한 이후 우리는 가정에서 예배를 드리며 오랫동안 알고 지내던 일본의 나카지마 목사님과 새롭게 만나게 된 대만의 펑 목사님과 교제하기 시작했다. 그리고 2005년부터 주님의 특별한 인도하심 가운데 기도해오던 '한중일'韓中日에 대한 비전을 함께 나누며 자연스럽게 매주 함께 예배를 시작하게 되었다.

이것은 CG선교회에서 일본을 시작으로 중국으로도 팀을 보내기 시작하면서 어느 날 기도 가운데 하나님께서 주신 비전이었다. 그때까지만 해도 확실하지 않았다. 하지만 분명 때가 되면 한국과 중국과 일본이 그리스도 안에서 하나가 되어 아시아와 중동 그리고 예루살렘까지 함께 복음을 나를 것에 대한 말씀이었다.

그러던 차에 특별한 모임 가운데 한국에서 오신 강사님이 중국에서 오래 사역하신 한 선교사님이 기도하시던 가운데 하나님께 받은 말씀을 인용하며 '활 전략'이라는 내용을 나누어주셨다. 때가 되면 한국과 중국과 일본이 복음으로 하나가 되어 나머지 불교와 힌두 그리고 이슬람권을 뚫고 예루살렘까지 갈 것이라는 말씀이다. 그 활의 위치는 한중일 가운데 있고, 활시위의 끝은 미국 동부에, 그리고 화살촉은 예루살렘을 향하여 있다고 풀어주셨는데 말씀을 듣는 중간중간 우리 간사들과 학생들이 내게 눈짓을 보냈다. 내 옆에 있던 몇 명은 "목사님이 평소 우리에게 하시던 말씀이 이 말씀이잖아요" 하는 것이다. 순간 나도 "그럴 걸. 아마 그럴 거야"라고 했지만 어떻게 아는가? 나 자신도 정확하게 이해하고 나눈 것이 아니라 막연하지만 주님이 너무나 강하게 주신 말씀이었기에 아는 만큼 선포하고 함께 기도해온 것일 뿐이었다.

그런데 다른 분을 통해 사뭇 비슷한 말씀을 주신 것이다. 그때부터 나는 이 말씀을 놓고 기도하며 곰곰이 생각하는 시간을 가졌다. 또 늘 하던 것처럼 주님께 이렇게 요청했다.

"주님! 이것이 정말 주님으로부터 온 것이 맞는다면 말씀으로 확증해주십시오."

세계에 복이 되는 나라

이듬해 일본 집회에서 한 선교사님을 만나 '한중일'에 대해 자연스럽게 이야기를 나누었을 때 그 분이 손바닥을 치며 빙그레 웃으시더니 "목사님, '한중일'이 성경에 나옵니다"라고 하는 것이다. 순간 속으로 '이건 또 무슨 이단이야? 성경에 한중일이 어디 나와? 하여튼 사람들의 말을 조심해야 돼' 그러는 사이 이분이 이사야서 19장 23절부터 25절의 말씀을 하시는 것이다. 이 본문에 나오는 이스라엘, 애굽, 앗수르가 바로 마지막 때의 '한중일'이라는 것이었다.

그때는 잘 얼버무리고 돌아왔는데 이상하게 그 말씀이 마음에서 떠나지 않았다. 나는 먼저 몇 가지 확인 작업에 들어갔다. 이 본문의 정확한 의미를 캐는 작업부터 시작한 것이다. 이사야서 13장부터 28장은 이방 민족들을 향한 예언의 말씀인데 많은 경우 하나님의 심판에 대한 내용이다. 그런데 이 심판의 내용 한복판에 19장 말씀은 애굽에 대한 구체적인 축복과 더불어 앗수르와 이스라엘까지 이렇게 세 나라를 함께 언급하고 있다. 앗수르라는 나라는 이미 역사에서 사라진 나라가 되었다. 물론 그 앗수르가 있던 지역에 현존하는 다른 나라들이 있기는 하지만 말이다. 그리고 시제를 '그 날' 즉 통상적으로 해석하듯이 "마지막 때"로 본다면, 성경에서 언급한 세 나라와 같은 나라들이 마지막 때 말씀하신 대로 "세계 중에 복이 되리라"는 것이다.

그때부터 지도를 보면서 이 마지막 때 애굽과 앗수르와 이스라엘과 같은 역사적 배경을 가지고 있으면서 세계 중에 복이 될 만한 나라가 있는지 곰곰이 생각해보았다. 그런데 놀랍게도 한중일이 사뭇 이스라엘과 애굽과 앗수르 같은 역사적 배경과 위치를 가졌다는 것을 깨달았다. 전통적으로 오랜 강대국이었던 애굽, 신흥 강대국인 앗수르, 그리고 그 사이에서 늘 얻어맞고 힘들어하지만 실제로 영적 주도권을 가지고 있는 나라 이스라엘…. 어쩌면 오랜 강대국 중국, 근대 개화기를 계기로 새롭게 부상한 강대국 일본 그리고 그 둘 사이에 끼어서 늘 얻어맞고 고난을 받지만 지금에 와서 보면 복음에 있어서 영적으로 주도적인 역할을 감당하고 있는 나라 한국.

성경에서 말씀하는 것처럼, 아시안 하이웨이가 실제적이지는 않지만 일본 동경에서 후쿠오카로, 한국 부산으로 해서 중국에까지 도로 표지판이 세워져 있다.

> 그 날에 애굽에서 앗수르로 통하는 대로가 있어…
> 이사야서 19:23

그리고 이전에 없었던 일들이다. 최근 들어 이 세 나라 간에 가장 많은 사람들이 서로 왕래하고 있으며 특별히 상대적으로 일본과 중국 사람들의 왕래가 갑자기 활발해진 것이다. 단적인 예로 일본의 가장 많은 유학생은 이미 한국 학생들이 아니라 중국 학생들이 되었다.

앗수르 사람은 애굽으로 가겠고

애굽 사람은 앗수르로 갈 것이며…

이사야서 19:23

한중일 예배의 은혜와 비전

그렇다면 남은 것은 언젠가 이들이 함께 예배하는 때가 올 것이고 결국 온 세계 중에 복이 될 것이라는 말씀이다. 물론 아직 정확히 다 이해하는 말씀은 아니다. 그럼에도 불구하고 여러 통로와 확증을 통해 이 말씀에 대한 믿음의 소원이 강하게 일어나면서 본격적으로 기도했고 결국 뉴욕 뉴저지에서 일본 목사님과 중국 목사님과 함께 이것을 나누며 한중일의 이름으로 예배하자고 제안한 것이다.

처음에는 예배를 어느 나라 말로 드려야 하나, 어떻게 드려야 하나 고심하다가 그냥 드리기로 결론을 내렸다. 그렇게 시작된 예배는 적은 수의 인원이 모였는데도 하나님의 임재가 그야말로 '장난'이 아니었다. 이유는 아무도 몰랐다. 우리 중 어느 누가 영적으로 탁월한 것도 아니고 찬양에 기름부으심을 가진 자가 특별히 있는 것도 아니고 그냥 다같이 모여서 미국 동부를 축복하고, 중국과 한국이 함께 일본의 부흥을 위해 기도하고, 중국과 일본이 함께 한국이 다시 일어나도록 축복하고, 일본과 한국이 중국의 '백 투 예루살렘'을 위해 기도한 것이 전부였다.

함께 예배하는 시간이 흐를수록 우리의 열심과 노력에 상관없이 임하시는 성령의 임재와 역사는 표현할 수 없을 만큼 깊어졌다. 그 결과 어느 누구의 계획이나 주도 없이 서로가 마음을 모아 정말 우연하게 날짜와 시간을 정해 2012년 12월 12일 정오 12시부터 밤 12시까지 총 12시간을 한국과 중국과 일본의 중보자와 예배자 그리고 목회자 200여 명이 모여 한중일 예배를 드리게 되었다. 그때의 은혜와 감동은 영원히 잊지 못할 것이다.

너무나 분명한 한 가지는 우리 아버지 하나님은 우리가 그분의 이름으로 연합하고 함께 그분의 얼굴을 구하며 예배하는 것을 정말 기뻐하신다는 것이었다. 그 한중일 모임이 이후 LA를 거쳐서 일본, 그리고 열방 곳곳에서 봇물 터지듯이 일어난다는 소식을 듣게 되었다. 지금도 뉴저지 땅에서 이 한중일 예배가 드려지고 있다. 나는 이 비전을 품고 계속 기도하고 있다. 그리고 이후로 한중일을 뛰어넘어 아시아의 군대가 일어날 것에 대한 비전을 BT 동역자들과 함께 꿈꾸고 있으며, 언젠가 이 아시아의 군대들이 중동의 형제들과 함께하는 날이 올 것을 믿으며 그 자리에 이스라엘이 함께할 것도 믿고 있다.

믿음과 순종의 발걸음

이 믿음의 꿈은 단순히 꿈꾸고 막연히 바라본다고 이루어지지 않는다. 물론 하나님이 그분의 주권으로 그 일을 행하신다. 그러나 우리의 믿음의 발걸음을 통해 행하시는 것을 믿는다. 그렇다면 우리에게 주어진 믿음의 도전은 모든 상황과 환경이 비록 우리가 꿈꾸고 소망하는 것과 반대로 흘러가더라도 그 모든 것 가운데 놀라운 반전의 역사를 쓰실 하나님을 기대하며 선포된 예언과 약속의 말씀을 붙들고 기도하며 우리에게 허락하신 삶의 자리에서 할 수 있는 만큼 믿음으로 순종하며 발걸음을 내딛는 것이다.

우리의 믿음의 조상 아브라함도 하나님의 말씀을 받고 그 말씀의 의미를 다 이해할 수 없었지만, 믿음으로 자신의 발걸음을 하나님의 약속의 말씀을 향해 내딛었다.

이에 아브람이 여호와의 말씀을 따라갔고

창세기 12:4

그때 우리가 바라고 소망하는 것이 실제가 된다.

성경의 예언과 약속의 말씀이 실제가 되는 현장에는 믿음의 발걸음이 늘 있었다.

믿음은 바라는 것들의 실상이요

보이지 않는 것들의 증거니

히브리서 11:1

바라고 보이지 않지만 실상이 되고 증거로 나타나는 역사는 믿음으로 발걸음을 내딛는 '믿음의 순종'을 통해 이루어진다. 많은 사람들이 "믿습니다!"라고 하지만 실상은 믿지 않는다. 믿는다고 외치는 것이 믿음이 아니라 믿으니까 그것이 실제가 되도록 하는 믿음의 발걸음을 내딛는 것이 믿음이다. 그때 비로소 믿음이 실제가 되며 그 믿음이 능력으로 나타나는 것이다.

나는 아직 다 이해하지 못한다. 정치, 경제, 문화, 교육 그리고 스포츠 어느 영역에서도 하나가 되기 쉽지 않은 이 세 나라가 예수 안에서 민족 간의 모든 아픔과 미움을 뛰어넘어 그분의 사랑으로 서로를 품고 하나가 될 수 있다면…. 이것이 복음의 능력임을 믿는다. 주님이 막힌 담을 허시고 우리를 아버지와 하나 되게 하신 것처럼 복음은 우리 안에 있는 어떤 장벽도 허물 수 있다. 그렇기 때문에 복음을 들고 갈 서쪽의 수많은 민족들 가운데 있는 아픔과 미움과 분리의 장벽들을 녹이고 급기야 중동과 이스라엘을 한중일 연합의 자리에서 함께 품어 하나 됨을 이룰 수 있다고 믿는다.

그 날에 애굽에서 앗수르로 통하는 대로가 있어

앗수르 사람은 애굽으로 가겠고

애굽 사람은 앗수르로 갈 것이며

애굽 사람이 앗수르 사람과 함께 경배하리라

그 날에 이스라엘이 애굽 및 앗수르와 더불어

셋이 세계 중에 복이 되리니

이는 만군의 여호와께서 복 주시며 이르시되

내 백성 애굽이여, 내 손으로 지은 앗수르여,

나의 기업 이스라엘이여, 복이 있을지어다 하실 것임이라

이사야서 19:23-25

절대 하나 되지 못할, 그리고 하나 되지 못했던 역사적인 이 세 나라를 향해 선포된 이 말씀이 복음의 능력으로 그리고 믿음의 발걸음을 내딛는 순종을 통하여 이루어질 것을 믿음으로 바라본다.

22

히네니

동역의 기도

뉴욕 뉴저지로 향하던 내 마음의 계획과 달리 하나님은 더 크고 놀라운 계획으로 나를 인도하셨다. 결국 오랫동안 기도하던 한중일이 열리고, 지역 교회를 사랑하며 한 영혼을 소중히 여기는 마음을 몸소 배우며, 아울러 준비된 귀한 중보기도 팀들과도 연결되는 은혜를 받았다. 지금도 중부 뉴저지와 메릴랜드 중보팀과 아름다운 교제를 나누고 있다. 또한 한국의 루디아팀, 호주의 중보기도팀 그리고 잠시였지만 전주의 중보팀들과도 귀한 동역의 은혜를 경험하였다.

아무리 바쁘더라도 중보기도 그룹들과 함께 시간을 보내는 데는 특별한 이유가 있다.

이르시되 기도 외에 다른 것으로는

이런 종류가 나갈 수 없느니라 하시니라

마가복음 9:29

기도는 우리의 한계를 뛰어넘어 역사하시는 하나님의 능력을 초청하는 통로다. 우리의 한계로 할 수 없는 수많은 사역들과 일들 앞에 우리는 때때로 힘없이 주저앉고 싶을 때가 한두 번이 아니다. 그러나 그때마다 주님이 우리에게 친히 모델로 보여주시고 도전하신 것처럼 아버지 하나님의 능력을 초청하는 기도의 자리에 나아가야 한다.

특별히 기도하는 그룹들에게 시대와 열방의 현장에서 일어나고 있는 아버지의 일들에 대한 정확한 정보와 구체적인 기도의 제목들을 나누어야 한다. 그래서 그 분들의 기도가 중언부언하거나 향방 없이 허공을 치는 것이 되지 않도록, 자신들이 기도로 사명을 감당해야 하는 그 시대 가운데 아버지께서 구체적으로 어떤 일들을 행하고 계시는지 나눔으로써 그들이 정확히 기도의 방향을 잡고 집중하여 기도할 수 있도록 하며, 필드에 있는 우리는 그들의 기도를 힘입어 현장에서 사명을 감당하는 것이다.

이스라엘의 여정 속으로

오랫동안 일본을 비롯한 주변 몇 나라들과 중동의 여러 나라들에 집중하고 사역하던 내게 이스라엘에 대한 특별한 마음이나 인도하심이 없었던 것이 나의 솔직한 고백이다. 그러나 함께 사역하며 교제하던 분들을 통해 이스라엘에 대한 아버지의 마음을 자주 접하며 이스라엘 땅에 한 번은 가봐야겠다는 마음을 품게 되었다.

마지막으로 다른 교회와 다시 합하는 이야기가 오가고 있을 때 나는 주님의 새로운 인도하심에 대한 부담을 느끼며 지금의 상황에서 조금 벗어나 홀로 정리해야겠다는 마음이 들었다. 그러다가 막연하게 소원하던 이스라엘 여정의 기회가 열렸다. 지인들을 통해 그곳에서 메시아닉주(예수를 메시아로 믿고 있는 유대인) 형제 한 명과 다른 일행들과 함께 아브라함이 아들 이삭을 바치러 떠나는 여정을 좇아가는 시간을 갖게 된 것이다.

이 여정을 시작하며 나는 주님이 내게 뭔가 말씀하시고자 한다는 것을 알 수 있었다. 이 여정 자체가 아브라함이 이삭을 바치는 여정이기에 속으로 '이제는 내게 우리 아들들 바치라고 하시나? 이미 바쳤는데…' 이런 생각을 해보기도 했다. 물론 나중에 유대인 형제를 통해 주님이 말씀하시고자 한 뜻이 뭔지 깨닫게 되었지만 말이다.

함께한 유대인 형제의 배경을 간략하게나마 나누면, 그의 부모님은 미국 국적의 유대인으로서 특별한 인도하심으로 주님을 깊이 만나고 나중에는 이스라엘로 아예 거처를 옮기게 되었다고 한다. 아들을 낳아 유대인 전통 학교에 보내고 16세에 다시 불러내어 복음을 가르치며 아들이 배운 유대적 전통과 관점 그리고 구약의 말씀을 복음으로 재해석하며 정리하도록 하여 이 두 가지가 예수 그리스도의 복음 안에서 통합되고 무장된 형제이다. 그래서 복음에 대한 분명한 확신 가운데 구약의 말씀 전체를 풀어내는 깊이가 타의 추종을 불허할 정도로 탁월했다. 또 얼마나 잘 생겼는지 거의 유명 영화배우인 줄 알았다. 곳곳에 대단한 사람들이 참 많다. 괜히 뭐 좀 안다고 까불었다가 큰 코 다친다. 그냥 겸손히 "저는 부족해요"라고 시작하는 것이 가장 안전하고 아름답다.

결국 형제를 따라 출발하면서 하나님의 말씀을 함께 보았다.

그 일 후에 하나님이 아브라함을 시험하시려고 그를 부르시되
아브라함아 하시니 그가 이르되 내가 여기 있나이다

창세기 22:1

여기서 아브라함이 하나님께 "내가 여기 있나이다"라고 한 대답이 히브리어로 '히네니'이다. 유대인 형제는 그 의미가 "말씀하십시오. 순종할 준비가 되어 있습니다"라고 설명해주었다. 순간 이 단어가 마음 깊이 들어오며 아버지께서 지금 내게 무언가를 말씀하시려고 하는데, 먼저 내 안에 무엇을 말씀하시든 "히네니" 할 준비가 되

어 있어야 한다는 것을 알게 되었다. 내게 이 온전한 준비가 되지 않으면 말씀하시는 그 자체가 별 의미가 없을 뿐더러 말씀하셔도 이해하지 못하기 때문이다.

우리는 많은 경우 아버지 하나님의 뜻을 알게 해달라고 하고 아버지께서 말씀해주시기를 원하지만 실상 자신은 그 말씀 앞에 반응할 준비가 제대로 되어 있지 않다. 준비되어 있지 않은 사람에게 아버지께서 특별히 말씀하실 이유가 있을까? 먼저 우리 자신이 아버지의 인도하심이 무엇이든, 그분이 뭐라고 말씀하시든 그 말씀을 좇아 순종할 준비를 하는 것이 중요하다.

나는 이 시대 그리스도인들에게 영적인 욕심이 특별한 것을 종종 보게 된다. 뭔가 새로운 것을 알고자 하고 아버지 하나님의 놀라운 뜻을 깨닫고자 하는 열망이 매우 강하다. 이것은 어떤 면에서는 좋은 현상이다. 다만 그런 열망과 더불어 나를 놀라게 하는 것은 그 열망 이외에 그다음에 대한 관심이 너무 적다는 것이다. 즉 여러 성경공부나 프로그램, 세미나와 같은 다양한 채널들을 통해 학습되고 깨달아 알게 된 뜻을 삶의 현장에서 어떻게 구체적이고 실제적으로 살아낼 것인가에 대한 관심과 열정은 상대적으로 너무 적다.

그럼 자연스럽게 질문이 하나 나온다.

"아니 그럼 뭐하러 배우세요?"

이것은 음식을 탐하는 것과 동일하게 '영적 탐닉'에 지나지 않는다. 쉽게 말해서 분야만 다른 것이지 말씀에 대한 '지적 유희' 내지

'영적인 탐심'을 추구하는 것이다. 실제적인 적용과 실천에는 별 관심이 없다. 그럼 그런 놀라운 깨달음과 깊은 영적인 지식이 우리의 삶을 변하게 해주는가? 다이어트에 대한 놀라운 새 지식이 우리를 저절로 다이어트 시켜주는가? 반드시 그것을 행할 때만 실제적인 열매가 나타나는 것이 아닌가. "다이어트 공부 그만하시고 적당히 드시고 운동하세요"라는 말과 마찬가지다. 이제 그만 배우고 지금 이미 알고 있는 것을 살아내라! 지금 우리는 지식이 부족하거나 놀라운 계시가 없어서 방황하는 것이 아니라 살아내는 자들이 부족해서 기독교의 뿌리가 뽑히고 있는 시대를 살고 있다.

나의 "히네니"

이스라엘 남쪽 끝 아라드 광야를 떠나 브엘세바를 거쳐 결국 북으로 올라가며 아브라함이 이삭을 바쳤을 것이라고 추정되는 장소를 향해 발걸음을 옮기면서 나는 마음속으로 "주님, 말씀하십시오. 무엇을 말씀하시든지 순종하겠습니다" 하고 고백하였다.

고향과 친척과 아버지의 집과 같은 메릴랜드 주를 떠나 뉴저지에 산 지 3년 반이 되었지만 마음에는 뭐 하나 시원스럽게 제대로 해보지 못했다는 아쉬움이 가득했다. 교회도 개척하여 섬겨보고, 다른 교회와 연합도 시도해보고, 한중일 예배도 해보았지만 인간적으로 눈에 보이고 손에 잡히는 그런 사역의 결과는 없었기 때문이다. 그러나 그런 내 생각과는 달리 아브라함의 여정을 좇아가면서 마음 가운데 내가 뉴욕과 뉴저지로 와야 했던 목적은 이제 다 이루어졌다는 감동이 있었다. 즉 더 이상 그곳에 있어야 할 필요가 없다는 것이다. 너무 급한 것 같고 아쉬움이 느껴져서 조심스럽게 주님께 물었다.

"주님, 정말 떠나는 게 맞습니까? 이대로 떠나는 것이 맞습니까? 아무것도 제대로 한 게 없는데요."

그때 주님이 깨닫게 해주신 말씀이 있었다.

> 하나님의 나라는 볼 수 있게 임하는 것이 아니요
> 또 여기 있다 저기 있다고도 못하리니
> 하나님의 나라는 너희 안에 있느니라
>
> 누가복음 17:20,21

눈에 보이듯이 임하지는 않지만 그분의 통치에 순종하는 자들 가운데 하나님의 나라는 세워지고 확장되는 것을 믿는다. 물론 지금 당장은 아무것도 보이지 않아도 그분의 때에 그분은 믿음의 모든 순종을 드러내시고 열매 맺게 하실 것이다.

이스라엘의 여정을 마치고 뉴저지로 돌아와 내가 받은 마음을 아내와 몇몇 지체들에게 나누었다. 그리고 기도를 부탁했다. 그때가 2014년 11월이었고 한 달 후 나는 호주 BT 집회와 선교 모임을 위해 시드니로 향했다. 마음속으로 구체적인 인도하심과 확증에 대한 기도를 드리며 계속 고백하였다.

"히네니"(주님, 말씀하십시오. 순종할 준비가 되었습니다)

집회 중에 나는 창세기 22장 말씀을 중심으로 최근 이스라엘의 여정을 나누며 '히네니'에 대한 의미를 풀었다. 그리고 아직 결정되지 않았지만 지금 미국을 떠나 한국으로 처소를 옮기게 될 것을 놓고 기도 중이라고 말씀을 나누었다. 집회 후 많은 분들이 은혜를 받았다고 했다. 뉴욕 뉴저지에서 지낸 이야기와 '히네니' 말씀을 들은 작은 교회 목회자들이 나처럼 사는 사람도 있다고 많은 격려를 받았다고 하니 절로 웃음이 나왔다. 이렇게도 역사하시는 주님을 찬양했다.

사역의 안전상의 문제로 구체적인 인도하심에 대한 이유와 목적을 다 나눌 수 없지만 우리 가정은 호주 집회를 마칠 때 이제 미국을 떠나 한국으로 처소를 옮겨야 한다는 것을 여러 경로를 통해 확답 받게 되었다. 호주 집회에서 돌아와 한 달 만에 27년간의 미국생활 정리에 들어가게 되었다. 말이 한 달이지 27년이나 살았던 삶을 한 달만에 다 정리한다는 것이 쉬운 일은 아니었다.

그럼에도 불구하고 주님이 왜 그렇게 급작스럽게 밀어붙이는지 지금은 어렴풋이 이해가 된다. 한 가지는 연합한 교회에 오래 머물지 말라는 것이었고, 다른 하나는 미국의 삶을 정리하는 데 미적거리지 못하도록 급하게 몰아치신 것이다. 혹시 미국을 떠나게 되더라도 크루즈 여행은 꼭 한 번, 대륙 횡단도 꼭 한 번 하자고 했던 아내와의 계획도 공수표가 되었다. 짐을 정리하는 동안 우리 가정은 한국에서 머물 처소를 여전히 확정하지 못한 상태였다. 하지만 주님께 '히네니' 하며 "한국으로 가라"는 말씀에 일단 순종하기로 했다. 구체적인 장소와 사역 그리고 한국으로 가야 하는 이유를 모르지만 신뢰함으로 그 말씀을 좇아갔다.

한국으로 가라

우리는 종종 미리 알기 원하고 가능하면 구체적으로 다 알기를 원한다. 나도 마찬가지다. 가능하면 다 볼 수 있기 원하고 좀 더 구체적으로 알기 원한다. 그러나 사실 그런 욕구는 믿음에서 나왔다기보다는 반대로 불신에서 나온 태도임을 쉽게 알 수 있다. 혹 어떤 분은 하나님도 인격적이셔서 너무 무분별하게 비이성적으로 인도하시지는 않는다고 하는데 흠!! 정말요? 내 성경은 그 분의 성경과 많이 다른 듯하다. 내 성경에는 하나님의 인도하심을 좇아 살았던 사람들의 삶은 우리의 상식과 이성을 초월하는 모습이 대부분이다.

물론 하나님도 인격적인 분이시고 합리적이고 이성적이실 때가 있다. 그러나 하나님은 우리 인간의 합리성과 이성에 제한되지 않으신다. 많은 경우 하나님은 오히려 그것들을 초월하시고 우리에게 그 초월하시는 하나님의 여정에 동참하라고 부르신다. 우리는 때때로, 사실은 많은 경우 우리의 이성과 합리성을 초월하여 인도하시는 하나님의 부르심에 순종해야 할 때가 있다. 납득되고 이해가 되어서가 아니다. 그분을 신뢰하기 때문에 따라가는 것이다. 우리의 모든 신뢰의 근거는 하나님이다. 그 놀라운 부르심에 순종했을 때 하나님은 우리의 합리성과 이성과 모든 이해와 경험을 뛰어넘어 약속하신 말씀대로 역사하신 분이었고 지금도 여전히 역사하시는 분이시기 때문이다.

무작정 한국으로 처소를 옮겨 잠정적으로 수원 하나교회에서 준비한 선교관에 머물며 이제 다음 단계를 기다릴 때 그분은 세 그룹의 중보기도 팀들과 신뢰할 만한 두 분을 통해 우리의 다음 단계를 구체적으로 보여주셨다. 그 결정을 내려야 하는 바로 직전에 말이다. 그분은 항상 신실하셨다. 그리고 앞으로도 여전히 신실하실 것을 믿는다.

23

너는 나의 종이다

너는 바나바다!

지금 나는 인도하심을 좇아 수원에 머물러 있으면서 내게 주신 사역에 집중하는 한편 구체적이고 새로운 인도하심을 위해 깨어 있으려고 한다.

하루는 재미있는 사건이 있었다. 한국에 특별한 집회를 위해 초청받은 신디 제이콥스라는 미국 사역자와 식사 교제를 나누는 자리에서 이분이 대뜸 내게 "오! 당신은 바나바이십니다"라고 하는 것이다. 물론 감사한 일이기는 하지만 그래도 평생을 바울처럼 사역하고 바울처럼 살려는 나는 약간 당황하며 이렇게 말했다.

"어? 그렇습니까? 저는 제가 바울인 줄 알았는데요?"

그러자 신디 제이콥스가 말했다.

"압니다. 당신 안에 바울과 같은 열정이 있는 것을. 그러나 당신은 바나바와 같이 많은 사람을 격려하고 세우는 사람입니다."

사실 그때는 그러려니 하고 돌아왔는데 몇 해 전 지하 방에서 사단의 공격으로 힘들어 할 때 주님이 주셨던 말씀이 생각났다.

"너는 사람을 세우는 사람이다."

그날 이후 마음 가운데 이 믿음의 선포를 취하고 싶다는 소원이 강하게 일어나게 되었다.

"그래! 바울이 되는 것도 좋지만 바울과 같은 사람들을 일으키고 세우는 바나바가 되자. 나타나지 않아도 뒤에서 작지만 한 사람 한 사람을 세우는 그런 종이 되자."

그리고 28년 만에 처음으로 영어 이름을 스스로 '바나바'로 결정하였다. 아우 되는 조이풀의 조지훈 목사는 그 후로 내 영어 이름 이야기가 나올 때마다 나를 '바나나윤' 목사라고 부른다.

주님의 제자도

나는 개인적으로 사역에서 하나님의 사람들은 두 종류가 있다고 본다. 한 부류의 사람들은 많은 경우 개인적인 생각과 욕심이 앞설 때가 많은데, 이런 분들은 대부분 비전이라는 이름으로 사람들을 이용한다. 하나님의 나라를 위해 주님을 섬기고 성도들을 섬긴다고 하면서도 정작 함께 사역을 감당하는 간사나 사역자들을 섬기고 세우고자 하는 마음이 없고 자신이 세운 목표와 골goal을 위해 그들을 다그치고 이용하려고 든다. 실적을 점검하고 숫자를 내라고 닦달하며 모든 사역의 평가를 보고서에 나온 사람의 숫자로 결정한다.

세상의 회사에서나 있을 법한 일이 기독교 공동체 안에서도 일어나고 있다. 만일 주님이 지금의 교회를 섬기셨다면 제자들에게 그렇게 하시는 주님의 모습을 상상할 수 있겠는가? 더 가슴 아픈 것은 아닌 것을 아니라고 말하는 것 자체가 무의미하고 힘을 잃어버린 시대를 살고 있다는 것이다. 마치 말씀에는 그러거나 말거나 상관없다는 식의 태도와 말을 너무나 노골적으로 하는 분들을 대할 때면 엘리사처럼 곰이라도 불러내고 싶을 때가 있다(물론 부른다고 나올지 모르겠지만 말이다).

물론 주님도 열매에 대해 누구보다 강조하셨다는 것을 잘 안다. 그러나 주님이 말씀하시는 열매의 핵심은 주님을 주인 삼은 삶의 근본적인 변화와 그렇게 변화된 삶에서 자연스럽게 나타나는 주님 그분이 맺으시는 구원과 제자의 열매를 말씀하시는 것이지 우리처럼 몇 명이 교회에 나오고 사역을 통해 얼마나 수적으로 많아졌는지를 보고하고 점검하는 모습과는 본질적으로 다르다고 믿는다.

믿음의 사람들인 우리가 주님 안에서 꿈꾸는 비전은 '하나님의 나라'다. 내 나라가 아니다. 내가 주인 되어 내가 원하는 대로, 내가 세운 목표를 위해 내 방법대로 행하는 것이 아니라 그분의 성품과 뜻이 나타나는 모습으로 그 가치를 좇아 섬길 때 그분의 실제적인 통치로 인한 그분의 영광이 나타나는 열매가 맺어진다고 믿는다. 그러나 너무 많은 경우 우리는 이 본질을 잊어버리고 껍데기에만 매달린다.

다른 한 종류의 사역자들은 이 하나님나라의 비전을 위해 사람들을 세우는 분들이다. 주님으로부터 온 이 비전을 함께 꿈꾸게 하고 그 비전을 이루기 위해 한 사람 한 사람이 구체적인 부르심의 영역을 좇아갈 수 있도록 끊임없이 섬기고 세운다. 바로 옆에서 함께 섬기는 사람들을 먼저 그렇게 섬기고 세워간다. 나는 주님이 제자들에게 그렇게 하셨다고 믿는다. 결국 각자의 부르심을 좇아 나아가지만 사역자를 세우고 섬기는 일에 시간과 물질을 적극 투자한다. 왜냐하면 그들이 결국 어느 자리에서든 하나님의 나라를 함께 꿈꾸고 복음 전파와 제자 삼는 사명을 함께 감당할 하나님나라의 동료가 되기 때문이다.

이 킹덤 마인드가 우리 사역의 구체적인 태도와 모습을 결정한다. 그런데 이 킹덤이 자기 사역과 교회로 갇혀 있는 분들이 너무 많다. 그러니까 이분들에게 있어서 사람들은 자기 안에 갇혀 있는 자기 킹덤을 위한 소모품에 불과한 것이다. 사울이 그랬다. 그러나 다윗은 자기에게 찾아온 사람들을 '하나님의 사람'으로 함께 세워갔다. 그럴 수 있었던 이유는 분명하다. 다윗은 광야와 장막에 나아가 하나님 앞에 늘 자기를 점검했던 사람이다. 자기가 꿈꿔야 할 비전이 무엇인지, 자기가 섬기는 하나님이 어떤 분이신지, 삶의 본질은 무엇인지 매 순간 고난의 광야에서도, 바쁜 왕으로서 직무 중에도 장막 안에서 그것을 점검한 사람이었다.

예수님도 마찬가지다. 공생애 3년 반 동안 예수님이 얼마나 바쁘셨겠는가? 그러나 사복음서를 자세히 살펴보면 주님이 그 바쁘신 와중에도 무리를 떠나 산으로 한적한 곳을 찾아 홀로 아버지 앞에 나아가신 기록이 얼마나 많은지 모른다. 하나님 앞에 자기를 세우고 점검하지 않으면 우리의 비전은 언제든지 야망으로 변질될 수 있다.

그래서 하나님의 사람일수록 끊임없이 하나님 앞에 말씀과 기도로 나아가 자신을 비추어 때로는 혹독하게 자기를 점검하고 몸부림쳐야 한다. 그 결과는 본질을 놓치지 않는 것이다. 사람, 즉 제자를 세우는 것이다. 물론 사역을 실제적으로 풀어내는 구체적인 모습과 스타일은 다양할 수 있다. 그러나 한 가지만은 분명하다. 나는 사람을 세우는 사람인가? 아니면 이용하는 사람인가?

너는 나의 종이 아니냐

작년 말쯤이었다. 한국에 온 지 1년 반이 넘었지만 구체적인 인도하심도, 나름대로 내 사역이라고 하는 것도 분명하지 않자 마음에 서서히 답답함이 일어나기 시작했다. 함께 동역하는 다른 사역자들처럼 나도 나 자신만의 사역을 나름대로 그려보고 싶다는 열망이 강하게 일어났다. 물론 주님으로부터 온 것이 아님이 분명했지만 한번 이런 소원함에 붙잡히자 순간 분별이 없어졌다. 나는 이렇게 약하고 미성숙하다. 결국 머리를 굴려가며 중국 쪽에 아는 분들과 함께 떠오르는 여러 사람들을 규합하여 뭔가 구상하고 준비하려고 할 때였다.

마침 예정된 일정이 있어서 준비하고 떠나려고 하는데 내 평생 그렇게 아파보기는 처음이었다. 허리가 완전히 나가서 서는 것은 고사하고 앉아 있거나 몸을 옆으로 돌리는 것도 힘들 만큼 아팠다. 그런데 사람은 참 독하다. 좋은 측면에서도 그렇지만 반대의 경우도 그렇다. 너무 아파서 어쩌지 못하는 상황에서도 내일이라도 나으면 가야지, 수요일까지 회복되면 나가야지 하는 것이다.

결국 아버지께서 옴짝달싹 못하게 따뜻하게 터치해주셨다. 그리고 나는 일주일 내내 누워 있었다. 처음에 간절함으로 시작했던 기도가 나중에는 속상함과 원통함으로 그리고 불평이 되었다.

"하나님!!!"

경외함으로 부르는 것이 아니었다. 냅다 부른 것이다. "내가 도대체 뭘 그렇게 잘못했다고 이러십니까?"로부터 시작해서 혼자서 중언부언 막 쏟아내기 시작한 것이다. 그런데 한참 후 내 안에서 주님의 음성이 들려왔다.

"너는 나의 종이잖니."

"네, 그렇습니다. 저는 주님의 종입니다."

"나는 내 종이 지금 그렇게 섬기고 있는 것이 좋아…. 지금 내가 너에게 맡겨준 그 일로 만족하고 열심히 해줄 수는 없겠니?"

짧은 것 같아도 매우 긴 침묵이 하나님과 나 사이에 흘렀다. 중간 중간 내 안에서 메아리치듯이 울려 퍼지는 반문이 있었다. 솔직히 고백하건대 극복하기 쉽지 않은 그런 울림이었다.

"아버지, 나는 왜 항상 그렇게 해야 해요? 왜 나만 이렇게 불러요?"

그러나 이윽고 고백하게 되었다.

"네. 주님이 원하시면 그렇게 하겠습니다."

많은 말을 하지 않았다. 주님은 내게 다시 내가 누구인지 무엇을 위해 일하는지를 점검하도록 해주셨다. 지금 주어진 일, 동역자들의 교회와 공동체를 섬기고 사람을 세우는 그 일, 그리 크고 대단한 일은 아니지만 한 사람 한 사람을 세우도록 돕는 일, 그리고 인도하심에 따라 주변 나라를 다니며 때로 아주 작은 공동체를 훈련하고 때로 큰 집회를 인도하고, 그러나 실상은 그들의 사역을 돕는 그런 일들이었다.

그러나 주님은 다시 말씀하신다.

"그것은 나의 나라를 위해 사람을 세우는 일이다."

지혜롭고 충성된 종

성경을 보면 몇몇 종류의 종들이 나온다. 게으른 종, 악한 종, 무익한 종 그리고 지혜롭고 충성된 종이다. 아주 간단히 정리하자면 게으른 종은 주인의 뜻을 알고도 하지 않는 종이고, 악한 종은 주인의 뜻을 왜곡하고 대적하는 종이고, 무익한 종은 열심히 하지만 주인의 의중과 상관없이 열심히 하는 종들이다.

그러나 지혜롭고 충성된 종은 주인의 뜻과 의중을 잘 분별하여 그 뜻을 좇아 정확히 충성되게 일하는 종이다. 이런 종들에게 가장 중요한 것은 계획하는 것도 뭔가 일을 벌이는 것도 아니다. 주인에게 집중하는 것이다. 그리고 주인이 말씀만 하시면 즉시 할 준비 태세를 갖추고 있는 것이다. 하나님의 사람들은 주인에게 집중해야만 자기 야망에서 자유롭게 된다. 그리고 쓸데없는 소모전에서 자신이 보호받는다. 반대로 주인에게 집중하지 않으면 우리는 자동적으로 자기 생각과 계획 그리고 많은 분주함으로 주인의 의중과 상관없이 일을 벌이게 된다.

지금껏 오래 주님을 섬겼는데도 나 역시 여전히 이 부분에서 싸우고 있다. 스스로도 두 가지가 놀랍다. 20년이나 되었는데도 아직 자기중심적인 경향에서 자유하지 못하는 나의 연약함과 그럼에도 불구하고 포기하지 않고 말씀하시고 인도하시는 주님. 나는 여전히 주님의 은혜 때문에 살 수 있는 존재다.

"주님은 말씀하신다, 우리는 순종한다."

"주님은 인도하신다, 우리는 좇아간다."

모든 죄의 근원은 자기가 주인 되고자 하는 것이다. 사실 그것이 우상숭배 아닌가? 그리스도인이라고 해도 버젓이 자기가 주인 되어 자기를 우상숭배 하는 우리의 연약함을 날마다 보게 된다.

"주님! 우리를 불쌍히 여겨주십시오. 그리고 주님의 진리로 우리를 자유케 하여주십시오."

24

현재 진행 중

내 삶은 하나님을 향해 열려 있다

내 믿음의 여정은 아직 진행 중이다. 그러므로 내 삶이 이렇다 저렇다 쉽게 단정하기를 원치 않는다. 아직은 마침표를 찍지 않았기 때문에 내 삶은 여전히 열려 있다.

지금도 내 마음에는 1억2천7백만의 일본 영혼들을 향한 안타까움이 있다. 중동과 달리 아무리 해봐도 안 되는 상황에서 한 미국 선교사가 40년의 일본 선교를 마치고 돌아가기 전에 이렇게 한마디 하셨다고 한다.

"저는 지금도 일본 사람들이 '소 데스네(그러네요)'라고 하면 그것이 무엇을 말하는지 잘 모르겠습니다."

일본 선교의 어려움을 이 한마디에 담아내신 것이다. 기독 인구가

0.2퍼센트라고 하지만 복음주의 교회만을 놓고 볼 때 실상 일본은 전 세계에서 가장 복음화가 되지 않은 나라 중에 하나다. 우리의 바로 옆 마을 일본, 우리 민족에게는 특별히 가깝고도 먼 나라다. 그러나 우리가 복음의 사랑과 능력으로 섬겨야 할 나라인 이 땅을 향해 나의 마음은 아직도 떨리고 있다.

아울러 중국의 14억을 향한 마음은 실망감과 기대감이 교차하고 있다. 당장 일어날 것 같은데 여전히 일어나지 못하고 있는 중국, 그러나 만약 이 민족이 일어나 믿음의 선배들로부터 받은 '백 투 예루살렘'의 비전을 위해 열방을 향해 나아간다면 성경에서 말씀하신 것처럼 "물이 바다를 덮음 같이" 힌두교, 불교 그리고 나머지 이슬람권을 복음으로 덮을 수 있을 텐데…. 그동안 중국을 이끌어가려 했던 (역사적으로 기독교만이 아니라 수많은 외세가 이를 시도했지만 중국은 단한 번도 이끌린 적이 없었다는 사실을 기억해야 한다) 모든 시도들은 사실 큰 열매 없이 멈추게 되었다. 이제 새로운 태도와 관점으로 중국 교회를 어떻게 섬겨야 그들 스스로가 일어날 수 있을지, 어떻게 옆에서 돕는 조력자로서의 역할을 실제적으로 시행할 수 있을지 지금도 고민하고 있다. 돌파의 영이 충만한 우리가 '만만디'(느림)의 영이 충만한 이들과 함께 섬긴다는 것 자체가 어마어마한 도전일 수 있다. 그러나 주님의 성육신成肉身의 원리처럼 인내하며 기다리며 포기하지 않고 섬기면 반드시 될 줄 믿는다.

그다음은 아시아의 군대가 일어나는 것이다. 지금 아시아권 나라

가운데 산발적이기는 해도 여러 곳에서 새롭게 일어나는 하나님의 군대들이 있다. 이제는 남아 있는 선교 지역을 위해 그들과 함께 연합하여 섬길 수 있는 연합의 모판을 짜 나가는 것이 먼저 선교 경험이 있는 아시아 국가인 한국이 앞으로 해야 할 중요한 과제라고 믿는다.

나는 비록 미국에서 사역해왔지만 서양인들이 아시아의 문화를 깊이 이해하고 남은 나라들을 섬기기에 역부족임을 보면서(물론 우리가 쉽게 평가할 수 없는 그들만의 수고와 귀한 열매가 있었다는 것은 인정한다) 이제 복음의 빚을 진 우리가 다음 선교의 바통을 이어받아 감당해야 할 때가 왔다고 본다. 이제 우리 한국 교회가 이 연합을 위하여 낮은 자리로 나아가 섬길 수 있었으면 좋겠다.

그리고 종국에는 모든 이슬람권이 주님 앞에 돌아올 수 있도록 아시아의 형제자매들이 함께 나아갈 수 있기 원하며 함께 동역하는 BT 사역자님들과 이 부분을 놓고 고민하며 다음 세대들과 함께 준비하고 있다. 더욱이 '중동의 봄'을 통해 1,400년 만에 놀랍게 열린 이슬람권을 위한 복음의 문은 당분간 지속될 것으로 보이며, 늦기 전에 교회가 적극적으로 이런 시대적인 주님의 부르심 앞에 반응할 수 있도록 하기 위해 미약하지만 동분서주하고 있다.

주님이 주인 되시는 삶

사랑하는 여러분, 아직 믿음의 사람들이 감당해야 할 시대적 사명은 무한하다. 우리는 비록 작고 연약하지만 우리 자신을 주님께 내어드리면 그분은 무한하신 그분의 가능성으로 우리를 인도하실 것이다. 우리가 위대한 일을 행하는 것이 아니라 우리의 겨자씨만한 믿음을 통해 위대하신 그분이 그분의 일을 행하신다. 지금도 나는 내 앞에 열린 수많은 가능성 앞에 씨름하고 있다.

"주님, 무엇을 원하십니까? 주님, 인도하여주십시오."

사랑하는 여러분, 우리는 너무 쉽게, 그리고 일찍 자신의 삶에 대해 단정을 내릴 때가 있다. 이미 어느 정도 이룬 분은 이루신 것을 통해서, 아직 아무것도 뚜렷하게 이루어내지 못한 분들은 그 결과 앞에서 내 삶이 나름대로 성공했다, 또는 실패했다고 말한다. 그러나 나의 나이, 지금 나의 상황과 조건에 상관없이 한 가지 분명한 것은 아직 숨 쉬는 시간이 남아 있는 한, 나의 삶은 주님으로 말미암아 여전히 무한한 가능성이 열려 있다는 사실이다. 주님께 내 삶을 열어주인 되도록 해드리면 그분은 나의 모든 상황과 조건에 상관없이 그분만이 행하실 수 있는 삶으로 우리를 이끄실 것이다.

"목사님, 내 삶의 가능성은 수많은 실수와 실패로 이미 얼룩지고 망가졌습니다. 더 이상 뭘 어떻게 해볼 힘도 기회도 보이지 않습니다"라고 말하고 싶은 지체가 있는가? 그렇다면 기억하라!

예수님의 보혈은 수많은 실수와 죄로 얼룩진 우리 인생을 다시금 깨끗하게 씻어주시기에 충분하고 예수님의 부활의 능력은 무모하고 어리석은 시행착오로 뒤틀리고 망가진 우리 인생을 새롭고 온전하게 하실 수 있을 만큼 충분하다. 우리는 소망이 없지만 주님께는 소망이 있다. 우리는 늘 실수투성이고 문제투성이지만 그런 우리를 통해서도 주님은 다시 새롭게 하실 수 있다. 그래서 주님이 말씀하신다.

수고하고 무거운 짐 진 자들아

다 내게로 오라 내가 너희를 쉬게 하리라

나는 마음이 온유하고 겸손하니

나의 멍에를 메고 내게 배우라

그리하면 너희 마음이 쉼을 얻으리니

이는 내 멍에는 쉽고 내 짐은 가벼움이라 하시니라

마태복음 11:28-30

왜 삶이 수고롭고 무거운가? 내가 주인 되어서 그렇다. 내가 주인 되어 이루려고 애쓴 모든 수고는 한순간에 이슬처럼 사라진다. 그러나 주님이 주인 되시어 우리의 삶을 이끄시는 대로 순종하며 나아가면 우리의 선한 목자 되신 주님은 우리를 위한 가장 완전한 길로 우리를 인도하실 것이다. 그리고 그 모든 것이 영원히 남아 하늘에 기록될 것이다. 관건은 주님이 주인 되시도록 하는 것이다. 입술로만

"주여! 주여!" 했지 실상은 여전히 자신이 주인인 삶은 그 자체가 버겁고 힘들고 수많은 시행착오로 지칠 대로 지쳐간다. 주님이 주인되는 삶은 멀리 있지 않다. 말씀과 기도의 자리에서 그분이 내게 하고자 하시는 음성에 귀를 기울이며, 깨닫고 분별한 만큼 순종하며 한 걸음 한 걸음 좇아가는 것이다.

주님을 신뢰함으로!

내가 한국에 있으면서 종종 듣는 질문이 있다.

"목사님! 그런데 한국에는 왜 나오셨어요? 그래서 지금 어떤 사역을 하세요?"

그러면 좀 머뭇거리며 대답한다.

"글쎄요…. 아직은 잘 모르겠어요. 다만 한국으로 인도하셔서 순종하여 나왔고 일단 주님이 맡겨주신 몇 가지 일에 순종하지만 '아! 이거로구나. 이것 때문에 내가 한국에 나와야 했구나' 하는 것은 아직 잘 모르겠습니다."

듣는 분들도 좀 답답해하신다. 그런데 그런 나는 오죽할까? 그러나 조바심내거나 불안해하지 않는다. 지금 내게 허락하신 상황과 주어진 일을 충성스럽게 감당하며 앞서 나눈 수많은 가능성을 향해 열린 마음으로 그분의 인도하심에 반응할 수 있도록 나의 모든 영적인 촉각을 그분에게 집중시키고자 몸부림친다. 주님을 신뢰한다. 그분은 나의 최선이 무엇인지 아시며 또 그렇게 하실 수 있는 분이시기 때문이다.

　나에게 있는 염려는(믿음의 표현은 물론 아니지만…) 그분의 인도하심이 보이지 않는 것에 대한 불안이 아니다. 그분을 향한 내 마음이 식어질까, 내 마음이 세상의 잡다한 것들에 분산될까 하는 것이다. 나를 향한 그분의 사랑과 인도하심에는 일말의 의문이 없다. 그분을 향한 내 마음의 동기와 태도를 늘 깨어 돌아보고자 한다.

주님께 올인 할 때
주님이 역사하신다!

우리는 살아 계신 하나님을 믿는다. 살아 계신 하나님을 믿는다는 의미는 '하나님이 살아서 어딘가 계시겠지…' 막연하고 추상적으로 생각하는 것이 아니다. 살아 계신 하나님은 지금도 살아서 우리 삶의 현장 가운데 역사하시는 분이심을 믿는 것이다.

그 하나님이 일을 행하시는 세 가지 패턴이 있다.

첫째, 그 시대 가운데 행하실 하나님의 일에 초청할 사람들을 찾으신다.

여호와의 눈은 온 땅을 두루 감찰하사

전심으로 자기에게 향하는 자들을 위하여 능력을 베푸시나니…

역대하 16:9

둘째, 그렇게 찾으신 하나님의 사람들에게 당신의 계획을, 놀라운 비밀을 말씀하시고 초청하신다.

주 여호와께서는 자기의 비밀을
그 종 선지자들에게 보이지 아니하시고는
결코 행하심이 없으시리라

아모스서 3:7

하나님이 일을 행하신다. 행하시되 늘 그분의 신실한 사람들을 통해서 하신다. 그럼 하나님은 어떤 사람을 찾으실까? 실력 있는 사람, 능력이 많은 사람, 다양한 경험과 노하우가 풍부한 사람…. 사실 이런 것들은 하나님에게 다 있다. 성경에 그리고 기독교 2천 년 역사 가운데 모든 하나님의 사람들 안에 공통적으로 나타난 특징 중 한 가지는 그들이 늘 하나님께 전심을 모았던 사람들이었다는 것이다. 마음을 나누지 않고 하나님께 고정시켰던 사람들이다. 그때 하나님의 비밀, 흔히 말하는 비전이, 그 시대 가운데 행하실 하나님의 놀라운 계획이 임하는 것이다.

셋째, 마지막으로 하나님의 사람들은 그 초청에 응답하여 믿음의 발걸음을 내디딤으로써 그분의 놀라운 뜻에 동참하는 여정을 시작한다.

> 이에 아브람이 여호와의 말씀을 따라갔고
>
> 창세기 12:4

지금도 하나님은 사람을 찾으신다. 그 마음이 하나님에게 고정되어 있는 사람…. 우리에게 가장 큰 영적 싸움과 믿음의 관건은 그분에게 우리의 마음을 올인 시키는 것이다. 그때 우리의 마음이 주님의 마음과 연합되며 그 연합에서 놀라운 능력이 나온다.

> 모든 지킬 만한 것 중에 더욱 네 마음을 지키라
> 생명의 근원이 이에서 남이니라
>
> 잠언 4:23

오늘도 내게 있는 가장 큰 고민과 싸움은 나의 마음을 그분에게 고정시키는 것이다. 그러면 그 마음을 통해 그분이 일을 행하시리라는 것을 믿기 때문이다.

믿음의 사람들이여, 주님께 마음을 올인 하라! 그러면 그분이 역사하신다! 크고 놀라운 일을 생각하지 말고 크고 놀라운 일을 행하실 하나님께 어떻게 마음을 올인 할 것인가를 고민하라. 왜냐하면 내 마음의 주인이 나의 인생을 다스리기 때문이다.

올인

초판 1쇄 발행	2017년 7월 24일
초판 3쇄 발행	2017년 9월 15일

지은이　윤성철

펴낸이　여진구
책임편집　안수경, 최현수
편집　김아진, 이영주, 서용연
책임디자인　이혜영, 노지현 | 마영애
기획·홍보　김영하　　　　　　　해외저작권　기은혜
마케팅　김상순, 강성민, 허병용　마케팅지원　최영배, 정나영
제작　조영석, 정도봉　　　　　　경영지원　김혜경, 김경희

이슬비전도학교　최경식　　　　　303비전성경암송학교　박정숙
303비전장학회 & 303비전꿈나무장학회　여운학

펴낸곳　규장

주소 06770 서울시 서초구 매헌로 16길 20(양재2동) 규장선교센터
전화 02)578-0003　팩스 02)578-7332
이메일 kyujang0691@gmail.com　　홈페이지 www.kyujang.com
페이스북 facebook.com/kyujangbook　인스타그램 instagram.com/kyujang_com
카카오스토리 story.kakao.com/kyujangbook
등록일 1978.8.14. 제1-22

ⓒ 저작와의 협약 아래 인지는 생략되었습니다.
이 출판물은 저작권법에 의해 보호를 받는 저작물이므로 무단 전재와 무단 복제를 할 수 없습니다.

책값　뒤표지에 있습니다.
ISBN 978-89-6097-504-0 03230

규 | 장 | 수 | 칙

1. 기도로 기획하고 기도로 제작한다.
2. 오직 그리스도의 성품을 사모하는 독자가 원하고 필요로 하는 책만을 출판한다.
3. 한 활자 한 문장에 온 정성을 쏟는다.
4. 성실과 정확을 생명으로 삼고 일한다.
5. 긍정적이며 적극적인 신앙과 신행일치에의 안내자의 사명을 다한다.
6. 충고와 조언을 항상 감사로 경청한다.
7. 지상목표는 문서선교에 있다.

하나님을 사랑하는 자 곧 그의 뜻대로 부르심을 입은 자들에게는 모든 것이 合力하여 善을 이루느니라(롬 8:28)

Member of the
Evangelical Christian
Publishers Association

규장은 문서를 통해 복음전파와 신앙교육에 주력하는 국제적 출판사들의
협의체인 복음주의출판협회(E.C.P.A:Evangelical Christian Publishers
Association)의 출판정신에 동참하는 회원(Associate Member)입니다.